PERÍCIA CONTÁBIL

O GEN | Grupo Editorial Nacional – maior plataforma editorial brasileira no segmento científico, técnico e profissional – publica conteúdos nas áreas de ciências sociais aplicadas, exatas, humanas, jurídicas e da saúde, além de prover serviços direcionados à educação continuada e à preparação para concursos.

As editoras que integram o GEN, das mais respeitadas no mercado editorial, construíram catálogos inigualáveis, com obras decisivas para a formação acadêmica e o aperfeiçoamento de várias gerações de profissionais e estudantes, tendo se tornado sinônimo de qualidade e seriedade.

A missão do GEN e dos núcleos de conteúdo que o compõem é prover a melhor informação científica e distribuí-la de maneira flexível e conveniente, a preços justos, gerando benefícios e servindo a autores, docentes, livreiros, funcionários, colaboradores e acionistas.

Nosso comportamento ético incondicional e nossa responsabilidade social e ambiental são reforçados pela natureza educacional de nossa atividade e dão sustentabilidade ao crescimento contínuo e à rentabilidade do grupo.

Antonio de Deus Farias Magalhães

PERÍCIA CONTÁBIL

8ª EDIÇÃO

Uma Abordagem Teórica, Ética, Legal, Processual e Operacional

CASOS PRATICADOS

| Elaborado de acordo com o Novo CPC — Lei nº 13.105/2015 |

Os autores e a editora empenharam-se para citar adequadamente e dar o devido crédito a todos os detentores dos direitos autorais de qualquer material utilizado neste livro, dispondo-se a possíveis acertos caso, inadvertidamente, a identificação de algum deles tenha sido omitida.

Não é responsabilidade da editora nem dos autores a ocorrência de eventuais perdas ou danos a pessoas ou bens que tenham origem no uso desta publicação.

Apesar dos melhores esforços dos autores, do editor e dos revisores, é inevitável que surjam erros no texto. Assim, são bem-vindas as comunicações de usuários sobre correções ou sugestões referentes ao conteúdo ou ao nível pedagógico que auxiliem o aprimoramento de edições futuras. Os comentários dos leitores podem ser encaminhados à **Editora Atlas Ltda.** pelo e-mail editorialcsa@grupogen.com.br.

Direitos exclusivos para a língua portuguesa
Copyright © 2017 by
Editora Atlas Ltda.
Uma editora integrante do GEN | Grupo Editorial Nacional

Reservados todos os direitos. É proibida a duplicação ou reprodução deste volume, no todo ou em parte, sob quaisquer formas ou por quaisquer meios (eletrônico, mecânico, gravação, fotocópia, distribuição na internet ou outros), sem permissão expressa da editora.

Rua Conselheiro Nébias, 1384
Campos Elísios, São Paulo, SP — CEP 01203-904
Tels.: 21-3543-0770/11-5080-0770
editorialcsa@grupogen.com.br
www.grupogen.com.br

Designer de capa: MSDE | MANU SANTOS Design

Projeto gráfico: Lino Jato Editoração Gráfica

Editoração eletrônica: Tarumã Editoração Gráfica

CIP-BRASIL. CATALOGAÇÃO NA PUBLICAÇÃO. SINDICATO NACIONAL DOS EDITORES DE LIVROS, RJ

Perícia contábil / Antonio de Deus Farias Magalhães... [et al.] – 8. ed. – [2. reimpr.] – São Paulo: Atlas, 2018.

Vários autores.
Bibliografia.
ISBN 978-85-97-00890-6

1. Perícia contábil 1. Magalhães, Antonio de Deus Farias.

95-0062   CDD: 657.45

Material Suplementar

Este livro conta com os seguintes materiais suplementares:

- Apresentações para uso em sala de aula (.pdf) (restrito a docentes).

O acesso aos materiais suplementares é gratuito. Basta que o leitor se cadastre em nosso *site* (www.grupogen.com.br), faça seu *login* e clique em Ambiente de Aprendizagem, no menu superior do lado direito.

É rápido e fácil. Caso tenha dificuldade de acesso, entre em contato conosco (sac@grupogen.com.br).

GEN-IO (GEN | Informação Online) é o repositório de materiais suplementares e de serviços relacionados com livros publicados pelo GEN | Grupo Editorial Nacional, maior conglomerado brasileiro de editoras do ramo científico-técnico-profissional, composto por Guanabara Koogan, Santos, Roca, AC Farmacêutica, Forense, Método, Atlas, LTC, E.P.U. e Forense Universitária. Os materiais suplementares ficam disponíveis para acesso durante a vigência das edições atuais dos livros a que eles correspondem.

Sumário

Apresentação, IX

Parte I – Aspectos Históricos, Teóricos, Éticos e Processuais, 1

Capítulo I - Aspectos Históricos, Legais, Sociais e Conceituais, 3

    1.1 Aspectos históricos e legislação básica, 3

    1.2 Utilidade social da perícia e ética profissional, 4

    1.3 Noções conceituais, 4

        1.3.1 Conceituações – perícia e perito, 4

        1.3.2 Perito e assistente técnico, 8

Questões para revisão, 9

Capítulo 2 - Fundamentos Teóricos e Éticos da Perícia Contábil e os Métodos Alternativos, 11

    2.1 Funções contábeis, 11

        2.1.1 Funções fundamentais, 12

        2.1.2 Funções complementares, 12

            2.1.2.1 Função administrativa, 14

            2.1.2.2 Função revisora, 14

            2.1.2.3 Função pericial, 15

    2.2 Necessidades de se fazer Perícia Contábil, 18

        2.2.1 Irregularidades administrativas, 18

        2.2.2 Irregularidades contábeis, 23

    2.3 Métodos alternativos para as práticas periciais, 30

        2.3.1 Método de "Contabilidade Comparada" segundo Hoog, 31

        2.3.2 Método "Indutivo Axiomático" segundo Lopes de Sá, 31

[VIII] Perícia contábil

2.3.3 O método de "Estudo de Caso" compartilhado com "Investigação Documental" e de "Campo", 31

2.3.4 Os métodos "Indutivo" e "Dedutivo" como auxílio à "Investigação Pericial", 32

2.3.5 Método de "Análise Comparativa" – exemplo de aplicação para determinar o "Valor dos Intangíveis", 33

2.3.6 Métodos de "Sistemas Matemáticos" aplicáveis em "Cálculos de Amortização" e de "Juros", 36

Questões para revisão, 37

Capítulo 3 - Base Processual e Operacional da Perícia Contábil, 39

3.1 Atos preparatórios, 39

3.1.1 Nomeação e indicações do perito e do(s) assistente(s), 40

3.1.2 Motivos para a nomeação e indicações do perito e dos assistentes e as condições para aceitar o encargo, 44

3.1.3 Fundamentos da nomeação e das indicações, intimação e condições para aceitar o encargo, 45

3.2 Atos de execução do trabalho pericial, 52

3.2.1 Conceitos de "prova pericial" e "diligência pericial", 54

3.2.2 Produção da prova pericial, 56

3.2.3 Fundamentos da produção da prova pericial, 60

3.3 Situações e procedimentos especiais, 70

3.4 Sugestões de leituras, 71

3.5 A Perícia Contábil e o CPC, 71

3.5.1 O Perito não deve ter dúvidas, 71

3.5.2 O conhecimento específico não está sistematizado no CPC, 74

3.6 Perícia Extrajudicial, 75

3.6.1 Exame do sistema, dos livros e dos documentos, 75

3.6.2 Laudo da Perícia Extrajudicial – estrutura, 77

Questões para revisão, 77

3.7 Resultado do trabalho pericial, 78

    3.7.1 Honorários nos processos cível e trabalhista, 78

    3.7.2 Penalidades impostas ao perito, 82

Questões para revisão, 82

Capítulo 4 - Modelo Burocrático Pericial – Acessos e Desenhos de Documentos, 83

    4.1 Caminhos utilizados na tramitação dos autos, 83

    4.2 Modelos de documentos com desenhos sistêmicos, 86

Parte II – Casos Praticados, 89

Capítulo 5 - Casos Selecionados e Resolvidos, 91

    Caso Selecionado 1 – Cobrança de duplicata de cliente, 92

    Resolução do Caso Selecionado 1 – Cobrança de duplicata de cliente, 93

    Caso Selecionado 2 – Embargos à execução fiscal – contra a Fazenda Pública, 96

    Resolução do Caso Selecionado 2 – Embargos à execução fiscal – contra a Fazenda Pública, 97

    Caso Selecionado 3 – Reclamação trabalhista – fase de execução, 113

    Resolução do Caso Selecionado 3 – Reclamação trabalhista – fase de execução, 123

    Caso Selecionado 4 – Prestação de contas de administradores – extrajudicial, 128

    Resolução do Caso Selecionado 4 – Prestação de contas de administradores – extrajudicial, 128

Capítulo 6 - Resumo, Conclusões e Sugestões, 133

    Resumo, 133

    Conclusões e sugestões, 134

Glossário, 135

Bibliografia, 139

Apresentação

O desenvolvimento deste livro resultou da investigação de recursos legais e teórico-práticos para orientação de atividades acadêmicas, docentes e profissionais em Perícia Contábil.

Hoje são muitas as publicações que cuidam dessa importante tarefa que é atribuição do contador, praticamente em todas as comarcas do território nacional. Ressalte-se que, embora a Perícia Contábil não seja uma profissão, é uma importante função e exige conhecimento especializado para atendimento de sua finalidade social.

A produção editorial sobre esse assunto exige **constantes atualizações** em razão da diversidade de leis que disciplinam a Perícia Contábil, sem as quais surgem sérios obstáculos no processo de ensino-aprendizagem, específico de seus conteúdos. Acadêmicos e docentes contam, também, com a legislação e as jurisprudências que, não estando sistematizadas para o processo de ensino, dificultam o acesso e o entendimento de como utilizá-las.

A obrigatoriedade de conhecimentos disciplinares de Perícia Contábil nos cursos de Ciências Contábeis reclama permanentes estudos elucidativos desses conteúdos para atendimento aos acadêmicos e aos professores, em cujas disciplinas estejam inseridos, e, também, aos profissionais já em atividade.

Transcorridos **mais de três quartos de século** de institucionalização da Perícia Contábil no Brasil (Código de Processo Civil/1939) e 60 anos da legalização da profissão de contador (Decreto-lei nº 9.295/46), tendo entre outras esta atribuição, hoje há visível facilidade em obter fontes bibliográficas elucidativas sobre as maneiras de operacionalizá-la.

O segundo Código de Processo Civil (1973), com múltiplas alterações, continha bom conjunto de normas periciais; entretanto, elas estavam editadas juntamente com inúmeras outras regras processuais, o que dificultava sobremaneira o trabalho do perito contábil, especialmente se este não tivesse conhecimento da área jurídica.

Um novo CPC – Lei nº 13.105/2015 – foi sancionado e entrou em vigência em 18 de março de 2016, o que motivou a 8ª edição deste livro, agora com um conjunto de conteúdos mais elucidativos.

Diante dessas situações, notadas as dificuldades em acessar esse complexo de normas processuais, conhecimentos necessários ao exercício pericial, levanta-se a questão de

recriar meios bibliográficos acessíveis aos acadêmicos, docentes, contadores e outros profissionais, para resolver problemas inerentes aos **métodos alternativos** e às **práticas periciais** aplicáveis.

A proposta desta 8ª edição é reunir e sistematizar elementos elucidativos essenciais ao embasamento teórico e prático dos acadêmicos e docentes de Ciências Contábeis e que sirvam como instrumental aos contadores e auxiliares do Judiciário, quando em relações de estudo, ensino e trabalho em atividades específicas de Perícia Contábil.

A 1ª edição deste livro foi publicada há mais de 20 (vinte) anos, graças ao esforço conjunto com os professores universitários: *André Pereira dos Reis, Clóvis de Souza, Hamilton Luiz Favero, José Carlos Madalozzo, Mário Lonardoni, Massakazu Takakura* e *Octavio Bif,* participantes do projeto de pesquisa que a originou.

Nesta oportunidade de lançamento da **8ª edição**, com inovações e melhoria da qualidade de seu conteúdo, apresentamos agradecimentos aos leitores, às instituições universitárias e, especialmente, ao Grupo GEN | Atlas, que conjugaram seus esforços aos nossos.

Pontal do Paraná, março de 2016.

Antonio de Deus Farias Magalhães (MSc)

PARTE I

Aspectos Históricos, Teóricos, Éticos e Processuais

CAPÍTULO 1
Aspectos Históricos, Legais, Sociais e Conceituais

As abordagens desenvolvidas neste capítulo estabelecem os aspectos históricos e a legislação básica, os fundamentos doutrinários sobre a utilidade social da perícia e da ética profissional, as bases teóricas e conceituais sobre perícia e perito.

1.1 Aspectos históricos e legislação básica

O Código de Processo Civil (CPC) de 1939 já estabelecia vagas regras sobre perícia. Foi, contudo, em 1946, com o advento do Decreto-lei nº 9.295/46 (que criou o Conselho Federal de Contabilidade e definiu as atribuições do contador), que se pôde dizer institucionalizada a Perícia Contábil no Brasil.

Com o Decreto-lei nº 8.579, de 8/1/46, significativas alterações foram introduzidas nas normas periciais. Também a Legislação Falimentar – Decreto-lei nº 7.661/45, com as alterações da Lei nº 4.983/66, em seus arts. 63, inciso VI; 93, parágrafo único; 169, inciso VI; 211 e 212, incisos I e II – estabeleceu regras de Perícia Contábil, que definiam esta atribuição ao contador. Hoje aplicam-se as regras da Lei de Regularização de Empresas e Falência – Lei Federal nº 11.101/2005.

Foi, no entanto, com o "segundo" Código de Processo Civil – Lei nº 5.869/73 –, com as modificações e complementações que lhe foram dadas, que as perícias judiciais foram aperfeiçoadas com legislação ampla, clara e aplicável.

O Novo Código de Processo Civil (CPC – Lei nº 13.105/2015) entrou em vigor em 17/3/2016, formando um conjunto com as atualizações do Código de Processo Penal (CPP – alteração da Lei nº 11.960/2008), da Lei Processual Trabalhista (LPT – Lei nº 5.584/70) e da Consolidação das Leis do Trabalho (CLT – Decreto-lei nº 5.452/43), combinadas às jurisprudências de natureza processual.

No que diz respeito às normas de natureza técnica-contábil, chama-se a atenção para as **atualizações** das Normas emanadas do Conselho Federal de Contabilidade, pelos seus conteúdos elucidativos e esclarecedores. É neste conjunto de normas que estão inseridas as que disciplinam a Perícia Contábil.

1.2 Utilidade social da perícia e ética profissional

Sempre que fazemos um trabalho profissional, esperamos que resulte em benefício para a sociedade, sem o qual esse trabalho não teria valor. Em sentido amplo, entendemos que o objetivo da perícia é propiciar condições de justiça, como, por exemplo, *uma pessoa que não deve uma conta não tem que pagá-la, assim como aquela que é devedora deve efetuar seu pagamento.*

Ao executarmos uma Perícia Contábil, devemos levar em consideração os efeitos sociais dela decorrentes, como, noutro exemplo, *uma justa e honesta partilha de bens, em um processo de inventário, cuja decisão do juiz de Direito seja orientada pelo trabalho do contador, nas funções de perito, propiciará bem-estar a todos os que têm interesse na partilha.*

Nesses exemplos, a Ética tem grande peso, pois o trabalho honesto e eficaz é decorrência de uma formação sadia do profissional.

O compromisso moral e ético do perito para com a sociedade e para com sua classe constitui o principal lastro de sustentação da realização profissional. Ressalte-se, também, que ser capaz e estar sempre atualizado e preparado para o trabalho de boa qualidade, com valor social, faz parte do contexto moral e ético.

Conhecer e respeitar os códigos de ética contábil e pericial é condição indispensável ao profissional que atua nessa área. Os fundamentos éticos e teóricos da Perícia Contábil são abordados com profundidade no Capítulo 2.

1.3 Noções conceituais

A perícia, pela óptica mais ampla, pode ser entendida como trabalho de natureza específica, cujo rigor na execução seja profundo. Dessa maneira, pode haver perícia em qualquer área científica ou até em determinadas situações empíricas. Por outro lado, a natureza do processo é que a classificará, podendo ser de origem arbitral, judicial, extrajudicial, administrativa ou operacional.

Quanto à natureza dos fatos que a ensejam, pode ser classificada como cível ou criminal. E, nas áreas de conhecimento segundo a regulamentação das profissões, como contábil, médica, trabalhista etc.

Entretanto, o objetivo deste livro é a Perícia Contábil, razão por que não entraremos no mérito de outras áreas científicas.

1.3.1 Conceituações – perícia e perito

Entende-se por perícia o trabalho de notória especialização feito com o objetivo de obter prova ou opinião para orientar uma autoridade formal no julgamento de um fato, ou desfazer conflito de interesses de pessoas.

As **conceituações sobre perícia passaram por um processo evolutivo no transcorrer dos tempos**, pelo surgimento dos instrumentos legais que vêm disciplinando a função pericial.

O conceito de perícia ainda não foi, definitivamente, objeto expresso em nossa legislação nem em nossas fontes bibliográficas. Não seria demais afirmar que as diversas edições do CPC e do CPP, principais diplomas legais que norteiam o trabalho de perícia, ainda não a conceituaram com devida clareza, embora estabeleçam normas e procedimentos processuais, e quais as condições legais quanto à habilitação dos profissionais para o exercício da Perícia Judicial.

A Associação dos Peritos Judiciais do Estado de São Paulo, ao aprovar as primeiras 30 Normas e Procedimentos de Perícia Judicial (NPPJ), contribuiu com algumas conceituações. Por exemplo:

> NPPJ-2 "A perícia judicial, quando pertinente a profissões regulamentadas, será exercida por profissionais legalmente habilitados, com títulos registrados nos órgãos fiscalizadores do exercício de suas profissões, requeridas, ainda, reconhecida idoneidade moral, capacidade técnica e experiência profissional."[1]

Esta situação foi esclarecida pelo art. 1º da Lei nº 7.270/84, quando alterou o art. 145 do CPC, cujos §§ 1º e 2º expressam:

> "§ 1º Os peritos serão escolhidos entre profissionais de nível universitário, devidamente inscritos no órgão de classe competente; § 2º [...] comprovarão sua especialidade [...] mediante certidão do órgão profissional em que estiverem inscritos."

Quanto ao conceito de perito, também nossa legislação nada expressa e nossas bibliografias são ambíguas. As NPPJ, porém, dão-nos um conceito que é aceitável: NPPJ-1 "Perito Judicial é o profissional habilitado e nomeado pelo juiz de um feito para opinar sobre questões técnicas de sua especialidade."[2]

Outro diploma legal que contribui para chegar-se ao entendimento do que seja Perícia Contábil Judicial é o Decreto-lei nº 9.295/46, cujo art. 25, alínea *e*, em combinação com o art. 26, expressa que as Perícias Contábeis são de competência dos contadores.

---

[1] ROJO ALONSO, José. *Normas e procedimentos de perícia judicial*. São Paulo: Atlas, 1975. p. 18.

[2] ROJO ALONSO, op. cit. p. 15.

Ensina Marttinolo, in D'Auria, que a Perícia Judicial:

> "[...] é o testemunho de uma ou mais pessoas técnicas (*experts*), no sentido de fazer conhecer um fato cuja existência não pode ser acertada ou juridicamente apreciada, senão apoiada em especiais conhecimentos científicos ou técnicos."[3]

A abordagem de Malhães Oliveira é também esclarecedora, quando afirma:

> "A perícia, segundo princípio da Lei Processual, é, portanto, a medida que vem mostrar o fato, quando não haja meio de prova documental para mostrá-lo, ou quando se quer esclarecer circunstâncias, a respeito do mesmo, que não se acham perfeitamente definidas."[4]

A NORMA BRASILEIRA DE CONTABILIDADE (NBC-13), aprovada por Resolução CFC, conceituava Perícia Contábil como:

> "conjunto de procedimentos técnicos e científicos destinados a levar a instância decisória elementos de prova necessários a subsidiar à justa solução do litígio, mediante laudo pericial contábil ou parecer pericial contábil, em conformidade com as normas jurídicas e profissionais, e a legislação específica no que for pertinente."

Estabelecia, também, que "A Perícia Contábil Judicial, Extrajudicial e Arbitral, é de competência exclusiva de Contador [...]."

A interpretação das situações enunciadas leva-nos a preferir conceito mais recente de Perícia Contábil, como:

> "Trabalho que exige notória especialização no seio das Ciências Contábeis, com o objetivo de esclarecer ao Juiz de Direito, ao Administrador Judicial (Síndico ou Comissário) e a outras autoridades formais, fatos que envolvam ou modifiquem o patrimônio de entidades nos seus aspectos quantitativos."[5]

A Perícia Contábil Judicial pode ser solicitada para efeito de prova ou opinião que exija conhecimento dessa área profissional, com o objetivo de auxiliar o juiz de direito no julgamento de uma lide. "Quando a prova do fato depender de conhecimento técnico ou científico, o juiz será assistido por perito [...]" (CPC/73, art. 145; CPC/2015, art. 156).

---

[3] D'AURIA, Francisco. *Revisão e perícia contábil*. São Paulo: Nacional, 1962. p. 152.

[4] OLIVEIRA, Ivo Malhães de. *Teoria e prática das perícias judiciais*. Rio de Janeiro: Grafos, 1987. p. 3.

[5] MAGALHÃES, Antonio de Deus F. Perícia contábil. *Enfoque: Reflexão Contábil*. Maringá. Universidade Estadual de Maringá, nº 3, p. 28-32, jul./dez. 1991.

Duas seções no Novo CPC, intituladas "Do Perito" (arts. 156 a 158) e "Da Prova Pericial" (arts. 464 a 480), nos fornecem elementos que, combinados com as atuais NBCs, podem contribuir para a formação de conceitos de perícia.

A natureza dos fatos e do processo é que a classificará.

Quanto à natureza dos fatos que a ensejam, pode ser classificada segundo as áreas do conhecimento técnico e/ou científico, combinadas com a regulamentação das profissões (exemplos: contábil, engenharia, informática, médica, trabalhista e outras).

Tratando-se do processo, pode ser: **judicial** por iniciativa dos magistrados ou a requerimento das partes ou dos representantes do Ministério Público, com deferimento do juiz, para resolver questões segundo as leis processuais: cível, criminal ou trabalhista; **arbitral** por iniciativa dos árbitros, para solução de conflitos extrajudiciais; **administrativa e/ou operacional** por iniciativa de gestores, para resolver conflitos internos nas organizações e entre organizações.

Segundo o Conselho Federal de Contabilidade (CFC):

> "A perícia contábil constitui o conjunto de procedimentos técnico-científicos destinados a levar à instância decisória elementos de prova necessários a subsidiar a justa solução do litígio ou constatação de fato, mediante laudo pericial contábil e/ou parecer técnico-contábil, em conformidade com as normas jurídicas e profissionais e com a legislação específica no que for pertinente" (Norma Brasileira de Contabilidade NBC TP 01, editada em 27/2/2015, item 2).

> "A **perícia judicial** é exercida sob a tutela do Poder Judiciário. A **perícia extrajudicial** é exercida no âmbito arbitral, estatal ou voluntária. A perícia arbitral é exercida sob o controle da lei de arbitragem. **Perícias oficial e estatal** são executadas sob o controle de órgãos de Estado. **Perícia voluntária** é contratada, espontaneamente, pelo interessado ou de comum acordo entre as partes" [grifamos] (Norma Brasileira de Contabilidade NBC TP 01, editada em 27/2/2015, item 5).

Assim, os peritos podem ser classificados em: **Perito Oficial**, **Perito do Juízo** e **Perito Assistente**, como definido na NBC PP 01:

> "Perito oficial é o investido na função por lei e pertencente a órgão especial do Estado destinado, exclusivamente, a produzir perícias e que exerce a atividade por profissão" (Norma Brasileira de Contabilidade NBC PP 01, editada em 27/2/2015, item 3).

"Perito do juízo é nomeado pelo juiz, árbitro, autoridade pública ou privada para exercício da perícia contábil" (Norma Brasileira de Contabilidade NBC PP 01, editada em 27/2/2015, item 4).

"Perito-assistente é o contratado e indicado pela parte em perícias contábeis" (Norma Brasileira de Contabilidade NBC PP 01, editada em 27/2/2015, item 5).

Perícia reúne experiência e conhecimento. A função pericial, ensina D'Auria (1962, p. 151), é aquela em que uma pessoa conhecedora e experiente em matérias específicas examina registros e documentos que deram origem a fatos, reportando sua autenticidade e opinando sobre suas causas, essência e efeitos na coisa em lide. Sua aplicação faz-se por incumbência direta ou indireta dos interessados ao especialista para que este examine e opine com relação a um caso predeterminado. Isto é função pericial ou peritagem. A perícia origina-se do interesse de pessoas litigantes, do interesse da justiça e, também, do interesse público.

1.3.2 Perito e assistente técnico

A lei processual civil chama de perito aquele que é nomeado por iniciativa do juiz. Depois da nomeação do perito, podem as partes ou uma delas indicar assistente técnico "Perito da Parte".

Ocorre que até a alteração do CPC, pela Lei nº 8.455/92, perito ou assistente técnico era nomeado para fazer perícia. Ambos reportavam o que viam e o que constatavam em suas investigações, e o faziam com bases reais, de maneira insofismável e com absoluta intenção de justiça. Eles eram testemunhas e/ou consultores, mas não julgavam, apenas opinavam com a finalidade de esclarecer controvérsias. Com o advento dessa alteração, o perito faz a perícia, lavra e assina o laudo. O assistente técnico, entretanto, emite parecer. O que a lei não esclarece é se dito parecer se baseia na matéria sob exame ou se somente no conteúdo do laudo. No Capítulo 3, subitem 3.1, "Atos preparatórios", abordaremos com mais informações esta problemática.

Na perícia, há limitação da matéria sob exame; portanto não é lícito ao perito exorbitar da matéria submetida a seu exame. Suas investigações devem cingir-se aos quesitos formulados e dizer sobre eles, somente eles, nos limites prefixados. Respeitadas essas limitações, o perito tem plena liberdade e o dever de exercitar sua ação investigatória, pautado em conhecimentos e experiências próprios, mas fundamentando-se em normas legais, processuais e disciplinares, e aplicando métodos pertinentes ao objeto periciado, não se afastando de um comportamento ético. No Capítulo 3, abordaremos mais profundamente os aspectos da processualística pericial.

As NBC TP 01 e PP 01, de 18/3/2015, aprovadas por Resoluções do CFC, *disciplinam as condições gerais para o exercício da função pericial*. Estão disponíveis no *site* do CFC.

Questões para revisão

1. A partir de que época foi institucionalizada a Perícia Contábil no Brasil, e de que forma?

2. Qual a importância da Perícia Contábil enquanto instrumento gerador de informações para a tomada de decisão no ambiente social?

3. Existe relação entre a ética profissional e a execução do trabalho pericial? Em caso afirmativo, qual é essa relação?

4. Como se classificam as perícias?

5. O que você entende sobre perícia? E sobre Perícia Contábil?

6. O que vem a ser perito e qual sua responsabilidade na execução do trabalho pericial?

7. Qual a distinção entre o trabalho do perito e o do assistente técnico?

8. Quais as principais leis que normatizam e disciplinam a execução da Perícia Contábil?

9. Na execução do trabalho pericial, deve-se investigar além dos quesitos, ou apresentar respostas bem fundamentadas sobre eles?

10. Diz-se que o perito deve estar bem preparado para a execução de seu trabalho. Discuta esta afirmativa.

11. "O compromisso moral e ético do perito para com a sociedade e para com sua classe constitui o principal lastro de sustentação da realização profissional." Comente a afirmação.

12. Escreva um texto sintético sobre função pericial.

13. Elabore em minuta um laudo pericial.

14. Quais são os requisitos profissionais exigidos para a execução de uma perícia?

15. Faça um breve resumo do assunto abordado neste capítulo.

Capítulo 2

Fundamentos Teóricos e Éticos da Perícia Contábil e os Métodos Alternativos

Este capítulo discute conhecimentos doutrinários nos quais são detalhadas as funções fundamentais e complementares da Contabilidade, estas últimas discutindo em nível de detalhes suas atividades administrativa, revisora e pericial. Aborda as irregularidades administrativas e contábeis, questionando as necessidades de se fazer perícia. O Quadro 2.1 sistematiza as funções contábeis abordadas.

2.1 Funções contábeis

Antes de entrarmos no estudo dos fundamentos teóricos e éticos da Perícia Contábil, vamos estabelecer algumas classificações das funções contábeis, pois é com base nelas que encontraremos o campo de estudos aqui investigado.

Nessas classificações são identificadas funções fundamentais e/ou complementares da Contabilidade.

No Quadro 2.1 e nas páginas seguintes é mostrado o conjunto das funções da Contabilidade, apresentando-se as classificações gerais como **fundamentais** e **complementares**. Cada uma delas é ilustrada com as subfunções e seus aspectos inerentes a cada uma delas.

Quadro 2.1 Funções da Contabilidade

Funções	Subfunções	Aspectos
Fundamentais	Escritural Expositiva Interpretativa	Registro Demonstrações Análise
Complementares	Administrativa	Planejamento Orçamento Controle

Continua

Funções	Subfunções	Aspectos
	Revisora	Administrativo
		Técnico
		Psicológico
		Social
		Profissional
	Pericial	Técnico
		Legal
		Psicológico
		Profissional

2.1.1 Funções fundamentais

A Contabilidade tem, em última análise, função descritiva. Entretanto, são tais a variedade dos patrimônios individualizados, a complexidade de cada conjunto patrimonial e os inúmeros aspectos das transformações dos componentes agregados na riqueza que se torna necessário seu desdobramento para classificar essa função geral em três subfunções fundamentais:

a) subfunção escritural ou de registro;

b) subfunção expositiva ou demonstrativa;

c) subfunção interpretativa ou de análise.

A subfunção escritural é básica, e a mais comum; revela-se pela anotação fiel e continuada dos fatos ocorridos na gestão administrativa do patrimônio. O processo escritural inicia-se com a observação, seguindo-se o exame da matéria a registrar, a coordenação dos elementos quanto à homogeneidade das espécies e a anotação metódica com observância das técnicas contábeis.

A subfunção expositiva tem efeito na reprodução sintetizada (balanço) e analítica (evidenciação) da matéria registrada. Dessa maneira, assume caráter mais profundo, porque é realizada como afirmação categórica das situações patrimoniais, em conjunto e em suas partes.

A interpretação técnica do conteúdo do balanço ou das demonstrações, subfunção interpretativa, traduz-se em análise dos elementos expostos. É fundamental como testemunho autorizado da significação de situações presentes e previsão de situações futuras.

2.1.2 Funções complementares

Até aqui, abordamos algumas das funções peculiares da Contabilidade. Do exercício dessa disciplina derivam, entretanto, funções corretivas que complementam sua utilidade, tais como:

a) função administrativa;

b) função revisora;

c) função pericial.

As transações ou negócios contratados devem merecer adequado registro, como nos casos de obrigações a cumprir, títulos de crédito a vencer, riscos ou compromissos recíprocos, orçamentos, autorizações de despesa, entrega futura de bens ou valores e outras operações de realização prevista.

São, portanto, fatos patrimoniais a registrar de acordo com os preceitos contábeis, revelando-se, então, em função previsora ou preditiva, que prefixa direitos e obrigações atinentes a um ou mais componentes da riqueza individualizada.

No que se refere ao estudo específico da revisão e da perícia, verificamos que, segundo alguns autores, entre os quais se destaca D'Auria,[1] existem algumas definições e distinções.

Estabelecendo-se paralelo entre a função revisora e a pericial, verificamos, desde logo, que a primeira é emanante da Contabilidade, porque dela depende a eficácia, o valor da elaboração técnica, ao passo que a segunda é esporádica. A revisão faz-se, continuadamente, para assegurar exatidão e verdadeira representação gráfica dos fatos contábeis. A perícia faz-se oportunamente, isto é, quando haja necessidade de testemunhar a existência dos elementos patrimoniais e de situações do direito e/ou econômico-jurídicas.

A revisão, além de ser função inerente ao exercício profissional da Contabilidade, também se revela pela certificação do que existe em matéria patrimonial, qual a situação presente e quais os fatos que a produziram. Tudo realizado mediante confrontação dos elementos comprobatórios e com as anotações feitas. Essa função é formal e eminentemente técnica.

A Perícia Contábil é incumbência confiada ao contador a fim de informar, de modo específico, mediante exame da matéria pré-limitada, e opinar tecnicamente, se solicitado por pessoa interessada que, geralmente, é uma das partes litigantes.

Existe, ainda, uma função intermediária pela qual o contador é incumbido do exame de questões administrativas, cujo andamento depende da certificação de matéria e fatos, e de orientação técnica para decisões de negócios. Dessa forma, verifica-se o concurso de outra função além da revisora e da pericial. Esta outra função é a auditoria, em cuja aplicação não nos ateremos neste livro, pois seu objetivo precípuo é um enfoque geral da revisão e do estudo particularizado da perícia, em matéria de Contabilidade.

---

[1] D'AURIA, Francisco. *Revisão e perícia contábil*. São Paulo: Nacional, 1962. p. 20-21.

2.1.2.1 Função administrativa

A função administrativa traduz-se como cooperação na gestão administrativa/patrimonial, isto é, no conjunto de atos que tendem à consecução dos objetivos previstos para cada organização.

É assim que se traduz a elaboração do planejamento contábil, da sistematização de controles, do desenho de impressos necessários à atividade administrativa, das normas para orientação da vigilância sobre os elementos patrimoniais, dos cálculos das operações, do inventário dos bens e seus métodos de avaliação, da elaboração de orçamentos, da redação ou compilação de atos contratuais das operações, enfim, do que significa colaboração justificada com os meios da Contabilidade e aptidões de seus profissionais.

2.1.2.2 Função revisora

Registros e demonstrações contábeis devem expressar rigorosamente a verdade dos fatos. E para que esse trabalho mereça maior confiança, é indispensável certificar a fidedignidade de tais registros.

O exame dos lançamentos, a verificação dos cálculos, o rigor das transcrições, a crítica e a formulação das partidas fazem parte da função revisora. Diversas são as finalidades da função revisora. Ela assume diferentes formas segundo as características da matéria, ao apreciar circunstâncias que motivam o exame e exigem tratamento específico. Portanto, não nos reportaremos a seu estudo detalhado neste livro.

Uma reflexão a respeito dos aspectos de cada um dos campos de estudo, a seguir enunciados, sem dúvida nos auxiliará no entendimento da matéria discutida. Razão por que levantamos algumas questões que envolvem os aspectos *administrativo, técnico, psicológico, social* e *profissional*.

Relativamente ao aspecto **administrativo**, a revisão é o processo apto à confirmação rigorosa dos fatos reais, permitindo considerar matéria registrada como expressão exata para o entendimento de determinada situação patrimonial em que se possam basear decisões de negócios e fixar relações de direito entre os interessados, como o proprietário de uma riqueza circunscrita e terceiros nela interessados.

Essa função em seu aspecto **técnico** tem por fim assegurar a exatidão do registro dos fatos em relação aos documentos comprobatórios quanto à veracidade dos históricos dos lançamentos, quanto ao rigor matemático da expressão quantitativa e quanto à forma adequada das partidas contábeis, saneando a escrituração de qualquer imperfeição circunstancial de possíveis erros e impropriedades na representação gráfica.

Quanto ao aspecto **psicológico**, a revisão visa prestigiar a ação profissional do contador, conferindo-lhe idoneidade como autor de obra irrepreensível, consolidando-lhe a reputação. Na ordem administrativa, ela concorre à fidedignidade das ações de quem decide (atos de governo de um patrimônio), inspirando um estado de confiança no conhecimento da situação econômico-financeira e nas decisões concernentes à matéria administrada. E, assim, no conceito de terceiros interessados por um sentido de segurança íntima e proteção daquilo que lhes pertence.

A função revisora relativa ao aspecto **social** concorre para a consolidação da ordem e da estabilidade das instituições, o respeito aos administradores e o equilíbrio entre o trabalho contábil e o contexto no qual as instituições estão inseridas.

Em relação ao aspecto **profissional**, a revisão há que ser considerada como das mais altas expressões da qualidade do trabalho contábil. Por isso, ela somente é exequível por meio de contador que tenha completo domínio dos conhecimentos técnicos e científicos, noções e fundamentos da disciplina e em variadas aplicações. É tão relevante o exercício dessa função que os profissionais devem especializar-se, se pretenderem exercê-la com proficiência.

2.1.2.3 Função pericial

É comum invocar os contadores para que certifiquem os fatos registrados, em determinadas situações cujos interesses estejam em oposição. É a informação esclarecedora do contador que orienta os litigantes. Em outros casos, é a opinião ou parecer desse profissional que habilita a decisão sobre a matéria em que litigam interesses. Caracterizam-se, assim, as funções informativas ou opinativas dos contadores, tendo em vista os registros contábeis.

Nessa tarefa são paralelas as funções técnicas de revisão e perícia. Esses paralelos serão frequentes no trato da matéria pelas estreitas relações entre ambas, mas bem distintas em seus fins. A perícia pressupõe já realizada a revisão; quando entra em ação o exame pericial deve versar sobre matéria que não gere dúvidas e que assegure resultados precisos. A revisão tem origem interna; a perícia, externa.

A função pericial objetiva gerar informação fidedigna. A perícia origina-se da discriminação e definição de interesses e de controvérsia entre litigantes, é requisitada pelas partes interessadas ou autoridades judiciárias.

Essa função se reveste da *discriminação de interesses e requisitos técnicos/científicos, legais, psicológicos, sociais e profissionais.*

A perícia, no aspecto **técnico/científico**, contempla o integral conhecimento da matéria, cujos exame e relato se baseiam nos princípios da disciplina contábil e conhecimentos relacionados de Administração, Economia, Direito, Matemática e outros complementares.

Na perícia, são relevantes e indispensáveis o exame e o relato sob a égide de disposições **legais**, e de fundamentos científicos próprios da matéria examinada, cujos conhecimento e aplicação se tornam necessários.

A perícia produz, **psicologicamente**, o efeito de um juízo arbitral, fundado em princípios técnicos/científicos e orientado pelo critério da imparcialidade. Um laudo pericial da qualidade indiscutível é acatado pelas partes interessadas e pelo julgador do litígio.

A função pericial é uma auxiliar valiosa na administração da justiça e fator de ordem nas instituições, e é assim que se consolida seu efeito **social**. O contador é profissional de fé pública e sua função é tanto mais complexa quanto maior a soma de interesses em conflito, assumindo ele a responsabilidade de suas afirmações que são, afinal, "ponto de apoio" para decisões de autoridades judiciárias e para solução definitiva de litígios de natureza econômica e/ou pecuniária, às vezes de importância capital na aplicação da justiça no amplo interesse da sociedade.

Em relação ao aspecto **profissional**, o grau de formação exigido para a função pericial é o bacharelado em Ciências Contábeis. Exigem-se do profissional os mais sólidos conhecimentos da disciplina e a orientação ética, que lhe emprestam a necessária autoridade técnica/científica para o acatamento do resultado de sua atuação.

Conhecida a oposição de interesses, quando entram em litígio partes interessadas em determinados negócios, cada uma defende critérios próprios coadunados a sua conveniência. Surgem, então, dúvidas de interpretação que somente podem ser dirimidas pela apreciação imparcial que conclui por um laudo em que a questão é colocada em seus justos termos, discriminando e definindo os interesses das partes em oposição. É dessa vertente que emanam as principais classificações. Entre elas, ensina D'Auria três tipos, que se distinguem por suas finalidades e pelas situações que a exigem como instrumento de orientação, a saber:[2]

> **Perícia administrativa**. A perícia é exame decisivo de situações, em caráter administrativo, quando o responsável pelos negócios de uma entidade econômica se depara com uma questão em que ele próprio tem dúvidas e solicita, então, os subsídios do contador para dirimi-las.

O exame pericial nessas condições é estritamente particular. É o administrador/gestor que tem necessidade de apoiar-se no juízo autorizado de um conhecedor da matéria, o que fortalece seus atos decisórios.

Mais comum é a perícia administrativa, quando o administrador/gestor não confia em atos de seus subalternos e auxiliares, como depositários, caixas e empregados de escritó-

---

[2] D'AURIA, op. cit., p. 25-27.

rio. O apelo ao perito pode ser motivado por irregularidades supostas ou manifestas por erros e vícios funcionais.

Nessa forma de perícia, os casos podem ser propostos pelo interessado e indicados os pontos ou atos de irregularidade ou suposta irregularidade, e ser invocada a sagacidade do perito para descobri-los. Em tal aspecto, a ação de investigação é detectiva e terá ele a função de determinar efeitos e investigar as respectivas causas.

> **Perícia extrajudicial**. É natural que não cheguem facilmente a acordo pessoas em litígio, em primeiro lugar, pelo interesse egoístico de cada uma; em segundo, por incompreensão ou ignorância da matéria em questão. Como a função do contador é de informante e consultor, ele desempenha relevante papel nas questões suscitadas entre partes em oposição de interesses econômicos.

Invoca-se a intervenção desse profissional tanto para obter "juízo imparcial" no assunto debatido quanto para elucidar tecnicamente a questão em que não se harmonizam os interesses. Pode-se também procurá-lo para viabilizar uma solução amigável, que vai desde o parecer de um perito até o juízo arbitral. Qualquer dessas formas é extrajudicial, por não se processar judicialmente a matéria.

A perícia extrajudicial opera-se, principalmente, por acordo entre as partes. Estas convencionam que a questão pendente seja solucionada tendo por base a informação pericial. Os profissionais escolhidos procedem aos exames que se propuserem e emitem parecer. Em caso contrário, escolher-se-á um perito-desempatador, com cujo parecer se dá por encerrada a perícia. Este tipo de perícia se orienta, especialmente, por legislação societária (Lei nº 6.404/76, arts. 7º, 8º, 220 a 234; suas alterações podem ser invocadas na perícia extrajudicial). No Capítulo 3, item 3.6, abordaremos metodologias para execução da perícia extrajudicial.

> **Perícia judicial**. Os magistrados são doutos em Direito, mas não se pode pretender que sejam polivalentes (técnicos ou cientistas em quaisquer assuntos). Além disso, há casos em que a matéria a ser julgada precisa ser esclarecida e certificada por profissionais que mereçam inteira fé, nos aspectos técnico, moral e científico.

Quando a solução de questões é requerida aos tribunais, ao órgão julgador cumpre conhecer a matéria em apreço, dependendo disso sua decisão. A primeira condição para o julgamento é a apuração exata dos fatos e o conhecimento preciso das causas originárias do litígio. A perícia é um meio elucidativo e de prova que a legislação admite; é o parecer de profissional entendido na matéria em julgamento. Como meio de prova, é o testemunho humano da existência e veracidade de coisas e fatos, e, como parecer, é a opinião autorizada de quem conhece a espécie questionada.

A perícia judicial assume forma solene porque é determinada por um magistrado e sujeita a ritos processuais estabelecidos por lei. Assim, o juiz faz a nomeação e "o perito cumprirá escrupulosamente o encargo que lhe foi cometido [...]" (CPC, art. 466). Observe-se que a regra desse artigo estabelece uma condição de independência somente para o *termo*, assim, a assinatura desse documento que era feita de praxe na presença do escrivão foi liberada, mas a lei não extinguiu o compromisso do perito em bem servir e apresentar o resultado de sua investidura, o laudo elaborado de acordo com quesitos formulados e/ou aprovados pela autoridade judicial.

A perícia tem meios de informar e esclarecer o julgador e orientá-lo em suas decisões. A responsabilidade que pesa sobre o juiz é repartida com a do perito que o instruiu com a certificação de causas e fatos e com a opinião própria (profissional e pessoal). A parcela de responsabilidade que cabe ao perito tem como garantia suas qualidades de especialista e requisitos de moralidade e honestidade.

2.2 Necessidades de se fazer Perícia Contábil

Por que existem as necessidades de se fazer Perícia Contábil?

Essas se manifestam nas imperfeições e inadequações. Eis algumas razões da necessidade da perícia: os métodos são imperfeitos, os homens também o são, os sistemas inadequados. D'Auria[3] classifica as irregularidades em: (a) administrativas e (b) contábeis. Ele ensina-nos uma série de subclassificações que "vale a pena" conhecer.

2.2.1 Irregularidades administrativas

Generalidades – a gestão econômico-administrativa desenvolve-se por manifestações volitivas da pessoa a quem esteja vinculada uma soma de interesses pecuniários e, em processo do tempo, por agentes que aplicam suas técnicas na consecução de objetivos, em conformidade com as regras legais, e de acordo com as normas profissionais e observância da ética peculiar a cada classe de pessoas envolvidas na gestão empreendedora.

Acontece que, por deficiências técnicas, estados psíquicos ou falhas morais, as atitudes da administração não se apresentam com a necessária perfeição material, ou infringem os preceitos legais, as normas profissionais e os ensinamentos éticos. Daí as imperfeições, as negligências na execução de trabalhos, os erros, as simulações, adulterações e fraudes. Tudo caracterizado como irregularidades administrativas causadoras de danos aos interesses próprios ou de terceiros.

---

[3]   D'AURIA, op. cit., p. 39-59.

As consequências danosas das irregularidades da gestão administrativa, quando identificadas, invocam incriminação e culpa de seus causadores. Impõe-se, então, a exata identificação das pessoas culpadas para que respondam criminal, civil e/ou administrativamente por seus atos, fixando-se responsabilidades como as sanções, o ressarcimento dos danos, as punições, em consonância com as leis e as normas administrativas. Exemplificando:

– *responsabilidade criminal* é decorrente do ilícito penal – pelo qual se aplicam ao culpado as sanções da lei penal;

– *responsabilidade civil* é decorrente do ilícito civil – pelo qual o culpado deve ressarcir ou indenizar a quem sofreu dano material;

– *responsabilidade administrativa* é decorrente da culpa por falta, imprudência ou negligência nos atos da gestão – pelas quais se aplicam punições.

Pela função de revisão ou perícia são descobertas e evidenciadas irregularidades administrativas, fundamentando-se medidas acauteladoras ou sanções, e estabelecendo-se a verdade dos fatos, com definições de responsabilidades e justa atribuição de direitos e obrigações pecuniárias.

Em conjunto ordenado de irregularidades administrativas podem-se enumerar: **(1) adulterações; (2) culpas; (3) erros; (4) fraudes; (5) infrações; (6) imperfeições; (7) negligências; (8) responsabilidades; (9) simulações**:

1) Adulterações – consistem na alteração de coisas e fatos, com o fim preconcebido de enganar a outrem em proveito próprio. Adulteram-se mercadorias, com a adição de ingredientes ou elementos que lhes diminuem o teor de qualidade; adulteram-se pesos e medidas, enganando os compradores; adulteram-se títulos de crédito, contratos e documentos, alterando-lhes os valores ou as condições.

As partes interessadas, que sofrem prejuízos por alterações, agem por via amigável, policial ou judicial contra as adulterações, cabendo-lhes exames periciais ou vistorias técnicas.

2) Culpas – aquele que, por negligência, comete omissão é culpado. No direito romano, exemplifica D'Auria, a culpa classificava-se em: levíssima, leve, grave e gravíssima. *Levíssima* era a culpa daquele que não usava de todos os cuidados em fatos especiais; *leve*, quando havia ausência de cuidados que deveriam regular alguns atos da vida; *grave* era a culpa, embora sem má-fé, daquele que não cuidava das coisas dos outros como se fossem próprias; *gravíssima*, quando ocorria excesso de negligência que culminava com a má-fé.

Em suma, culpa é causa de dano pela qual responde moralmente seu autor, quando ineficiente e de boa-fé, e de direito, quando deixa de cumprir obrigações explícitas ou com tendências para a má-fé. As culpas podem ocasionar a um patrimônio perdas leves ou graves, próximas ou remotas, diretas ou indiretas. A apuração das culpas, em qualquer caso, é uma indagação para se fixarem responsabilidades materiais ou morais.

A Perícia Contábil age no sentido dessa indagação, referindo-se às situações e fatos ou investigando as respectivas origens, além de incumbir-se da apuração de efeitos materiais que tenham prejudicado ou venham a prejudicar determinada situação patrimonial ou qualquer de suas partes.

3) Erros – são expressões generalizadas de irregularidades. Em tese, o que não é certo, real, verdadeiro está errado. Subjetivamente, os erros são voluntários ou involuntários. São da primeira espécie: faltas, culpas, simulações, fraudes, crimes; são da segunda espécie: ignorância, boa-fé, falhas físicas ou psíquicas. Objetivamente, os erros traduzem-se em omissão, imprevisão, incompreensão, cálculos inexatos, técnica mal aplicada, decisões inconvenientes, interpretações irreais, falsas situações de direito etc.

Na gestão administrativa são sempre funestas as consequências dos erros. Quando não atingem imediata e materialmente o patrimônio, eles podem ter efeitos morais e psicológicos com repercussão próxima ou remota, direta ou indireta, em interesses pecuniários. Daí os erros substanciais, de consequências materiais, e os formais, de consequências morais e também materiais, segundo as circunstâncias e repercussões.

Além dos interesses próprios, o erro pode ferir os de terceiros. A revisão contábil permite descobrir os erros, corrigi-los ou indicar sua correção. A Perícia Contábil intervém quando a parte ou as partes interessadas indicam o erro e pedem sua elucidação, investigação das causas ou avaliação dos efeitos.

4) Fraudes – fraudar é enganar ou burlar. Engana-se a outrem para proveito próprio; burla-se a lei em benefício próprio. A fraude não se presume, deve ser provada por quem acusa, embora se admita a "prova por indícios ou circunstâncias". Variantes da fraude são: furto, roubo, lesão, desfalque, alcance, estelionato, falsificação.

Na administração econômica, fraudes são adulterações de pesos e medidas, substituição e subtração de mercadorias, furtos nas transações, roubo e desvio de mercadorias e valores, abuso de poder e de funções, apropriação indébita, cálculos errados, documentos falsos, faltas de caixa, irresponsabilidade em prestações de contas.

Culmina a fraude na falência, em que um ou muitos atos sejam praticados em detrimento de interesses dos credores.

Há fraude contra o fisco, em matéria tributária, quando se subtrai pagamento de impostos, taxas ou contribuições, mediante sonegação, declarações falsas e quaisquer formas de ocultação para escapar às imposições fiscais.

Função relevante desempenha o contador na verificação ou investigação da fraude para as cominações e sanções da lei.

5) Infrações – a ação da administração deve processar-se de conformidade com normas gerais estatuídas, originariamente, pelo órgão volitivo ou de deliberação: (a) pelo proprietário, pela orientação e direção dos órgãos executores (os administradores); (b) pelas leis especiais que regem a organização e negócios dos organismos econômicos e/ou não, além das leis gerais que regem as relações entre pessoas e coisas e entre pessoas, a ordem social, enfim.

Aí estão os princípios fundamentais a serem observados na gestão dos negócios. As transgressões das normas e das leis são irregularidades que prejudicam a ordem administrativa e sua revelação constitui motivo para avaliar os respectivos efeitos e determinar seus responsáveis.

A infração pode ser a violação do estatuto de uma entidade no que diz respeito à posição jurídica dos sócios/acionistas/associados; pode ser a inobservância de instruções ou ordens emanadas do órgão executor; pode ser a burla ou desobediência às leis em relação à matéria administrada ou às pessoas interessadas e inclusive ao poder público.

Denunciada ou manifestada a infração, inicia-se o processo punitivo por quem de direito, em que se apuram as transgressões em suas espécies e consequências. Tal apuração, na órbita administrativa ou judicial, pode reclamar a intervenção pericial, competindo ao contador, investido da função de perito, o exame das ocorrências, investigando as causas e determinando os efeitos na ordem econômico-administrativa.

6) Imperfeições – a ação administrativa desenvolve-se no sentido dos fins a que se destina a massa patrimonial. Praticando atos e realizando fatos para esses fins, o administrador, seus colaboradores e prepostos usam os bens materiais a sua disposição e estabelecem relações de negócios com terceiros.

Normalmente, as ações administrativas tendem à vigilância patrimonial e à defesa dos interesses dos investidores e/ou da entidade, sem ofensa dos interesses de terceiros. Por várias causas e fatores contrários, no entanto, a ação administrativa, em qualquer de suas manifestações, pode eivar-se (contaminar-se) de imperfeições, conscientes ou inconscientes, que perturbam a normalidade, pois esta é que deve predominar no uso dos meios e na realização dos negócios. São imperfeições administrativas, fundamentais, o acúmulo de funções incompatíveis e a subordinação a parentes próximos.

As falhas na aquisição, guarda, conservação e alienação dos bens materiais, sua danificação, extravio ou desvio são imperfeições administrativas que atingem a integridade patrimonial própria e de terceiros, bem assim na realização dos negócios, sob base contratual, em que os efeitos podem causar prejuízos às partes interessadas.

As imperfeições são evidentes ou transitoriamente ocultas, mas sempre determináveis por suas causas e seus efeitos.

7) Negligências – em matéria administrativa, a vigilância, o zelo e a ordem devem presidir os atos e fatos de gestão, para que se alcancem os fins propostos e para que não se verifiquem perturbações na ação executiva, ou danos na substância patrimonial. Entretanto, ocorrem falhas humanas, físicas ou psíquicas, omissões na vigilância, zelo e ordem, com influência nos atos e fatos causadores de danos substanciais.

As falhas físicas e psíquicas do homem enfraquecem a eficiência da ação e a vontade de fazer, decorrendo daí a imperfeição e a omissão que desprotegem a integridade patrimonial.

O enfraquecimento ou ausência de vigilância, zelo e ordem na aquisição, guarda, conservação e alienação dos bens materiais ou a inobservância de normas administrativas e preceitos legais são comprometedores da integridade dos elementos da riqueza, dos direitos e das obrigações contratuais e legais.

As negligências têm efeitos imediatos ou remotos. Dos efeitos exigem-se investigações de causas e identificação dos culpados. Quando conscientes, ressaltam a responsabilidade dos causadores, sendo falta culposa a originada da displicência ou negligência inconsciente, em que atuam fatores físicos ou psíquicos.

8) Responsabilidades – em matéria administrativa, responsável é aquele que se obriga pela boa guarda e conservação das coisas e pela execução de atos como agente de legítimo dono da coisa administrada. Faltando a essas obrigações, resulta responsabilidade material para o agente.

Em direito, designa-se como responsabilidade civil

> "a obrigação de ressarcir o dano causado a outrem por fato ilícito de ação ou omissão, direto ou indireto. Cada um responde, não só pelo dano causado, voluntária e intencionalmente, mas também pelo dano derivado da sua negligência; assim como deve responder, não só pelo próprio fato, mas, ainda, por aquele das pessoas pelas quais devemos responder e pelas coisas que temos em custódia".[4]

A responsabilidade resume-se em termos monetários. Cabe ao perito, por ocasião da investigação de tais casos, fixar os limites da obrigação pecuniária, justificando e comprovando-os.

Os casos mais comuns de responsabilidade são os referentes à guarda de bens e valores ou a gestões sujeitas à "prestação de contas". Quando o responsável presta contas, deve fazê-lo com a necessária documentação, que cumpre examinar para concluir por sua aceitação ou não. São inaceitáveis os documentos insuficientes ou os correspondentes a

---

[4] BLUMENTHAL in D'AURIA, op. cit., p. 46.

operações não autorizadas. Daí a responsabilidade que se expressa pelos valores dos documentos impugnados ou glosados.

A responsabilidade pode originar-se de peculato, de prevaricação ou de estelionato (fraude ou de mera culpa). A consequência, no caso de fraude, é a de caber ação pela responsabilidade criminal, além da civil, quando em processos judiciais.

9) Simulações – o interesse pecuniário, a ambição e avidez pela conquista de riquezas, na esfera dos negócios, fazem com que se lance mão de ardis, de astúcia e malícia para ludibriar outrem em proveito próprio. A simulação consiste em aparentar regularidade em determinado ato ou negócio, quando, em realidade, atos ou negócios simulados contrariam as normas jurídicas e a ética.

Os autores de simulações usam artifícios para encobrir irregularidades, invocando as próprias normas para justificação de seus atos irregulares. Denunciada ou descoberta a simulação, torna-se necessário investigar com extensão e profundidade a consistência dos indícios, não se deixando iludir por aparências enganosas, porquanto a simulação é ato doloso, premeditado, em que o simulador se esmera, configurando os fatos com requisitos e características inconfundíveis, em forma clara ou obscura, para dificultar sua investigação.

Na gestão administrativa, temos como exemplos de simulações: operações fictícias, credores inexistentes, dívidas fantásticas, títulos de favor, reservas ocultas, perdas inexistentes, super e/ou subavaliações, inclusões de valores irregulares no saldo de caixa, inverdades na realização de despesas. A simulação pode ser também detectada quando feita para adiar negócios ou usar de expedientes protelatórios na realização de obrigações.

2.2.2 Irregularidades contábeis

Generalidades – irregularidades contábeis concorrem para as falhas de administração e podem causar prejuízos, desde os de menor importância até os que comprometem a estabilidade patrimonial ou a própria reputação do administrador. A organização contábil e respectivas escritas devem assegurar e confirmar a regularidade administrativa. Entretanto, falha administrativa, por sua vez, pode ser causa de irregularidade contábil.

Os gestores das organizações depositam justificada confiança nos serviços de Contabilidade, convivendo com sua operacionalização nos aspectos administrativo e técnico, mas somente até onde o permitam seus conhecimentos da matéria.

Não abordaremos casos de pressão administrativa sobre serviços de Contabilidade porque o profissional cioso de suas prerrogativas e de sua responsabilidade técnica não se dobrará às determinações do gestor de negócios para a prática de irregularidades. O profissional não trai sua "fé de ofício", pois, se o fizer, incorrerá em penalidades expressas em legislação própria.

Podem ser causas de imperfeições contábeis: o grande volume de trabalho, a complexidade da matéria e quaisquer fatores físicos ou psíquicos, fraqueza de conhecimento, de boa-fé ou malícia e premeditação, além das exigências técnicas e do indispensável rigor nas aplicações de Contabilidade.

Concorrem para uma execução irregular: a ausência ou deficiência de método de trabalho, a falta de dedicação, a precipitação, além das falhas de origem física ou psíquica, como doenças, inquietação, revolta, desatenção, distração, fraquezas de memória e outras, tudo isso, a título de negligência, quando as irregularidades não se qualificam como intencionais.

As imperfeições, apontadas em parágrafos anteriores, são as mesmas que produzem o erro, além das dificuldades que o profissional encontra, quando são deficientes os dados informativos, documentos e diretrizes dos gestores da administração. É considerável, ainda, que o profissional opere em grande escala com o cálculo aritmético, muitas vezes insidioso, e com inúmeras particularidades e complicações nos negócios e na técnica profissional.

Como a Contabilidade, por suas funções, é uma forma de representação de fatos, ela, como qualquer outra forma de expressão, não pode prestar-se às aparências, figurando fatos inexistentes ou desvirtuados por artifícios, falsas situações, isto com o caráter de simulação, ou seja, a intenção de induzir a interpretações que não condizem com a realidade, a verdade e exatidão de coisas e fatos. Isto é cometer infração, pois infração é desobediência às normas administrativas e preceitos legais. Pode ocorrer inconsciência ou desconhecimento na infração cometida, o que se leva à conta da boa-fé. É lamentável e reprovável o trabalho inconsciente ou a ignorância de normas e preceitos, sendo condenável e passível de punição ou penalidade a infração ou inobservância das regras normativas e preceituais, quando consciente.

Sob o mesmo aspecto da representação, a Contabilidade, como instrumento que produz informações, não pode ser meio para alterar a natureza dessas informações nem a veracidade dos fatos, possibilitando mistificações e adulterações.

Desde que o contador não se incompatibilize no exercício de sua função com o acúmulo de atribuições administrativas, não se conluie com o administrador e com terceiros, e preserve sua independência e integridade moral, não terá ele propensão ou ocasião para prevaricar.

Entretanto, contrariando normas de conduta, existem fraudes passíveis de serem praticadas pelo contador, como, por exemplo, trair sua fé profissional, ser conivente com as fraudes praticadas por outrem, se ele se limita a registrar e a expor as irregularidades, quando delas tiver consciência.

Por desídia, incapacidade ou inépcia, desconhecimento, temeridade ou convicção, o profissional, ao cometer irregularidades e se causar danos, tem culpa passível de: multa, suspensão, cassação e advertência. Fundamentos expressos no **Decreto-lei nº 9.295/46, que regulamentou a Profissão Contábil e criou o Conselho Federal de Contabilidade, art. 27, com a nova redação dada pela Lei nº 12.249/2010, alíneas** *a*, *b* **e** *c* **(multas),** *d* **e** *e* **(suspensão),** *f* **(cassação) e** *g* **(advertência).**

Em conjunto ordenado de irregularidades contábeis, podem-se enumerar: **(1) adulterações; (2) culpas profissionais; (3) erros técnicos; (4) fraudes; (5) infrações; (6) imperfeições técnicas; (7) negligências profissionais; (8) responsabilidades profissionais; (9) simulações**:

1) Adulterações – entre as irregularidades contábeis, são elencadas como adulteração não apenas o simples fato de alterar a escrituração em alguma de suas partes, mas também a emenda, as eliminações ou os acréscimos que alterem, propositadamente, os registros. É viciada a escrituração que apresenta alterações posteriores, com intuito de falsificação. As adulterações podem ser de "contas", "históricos", "datas", "quantias", "lançamentos" ou "peças contábeis já elaboradas".

Do mesmo modo que a simulação, a adulteração pode encontrar-se em inventários, na escrituração dos livros, nos próprios livros, em débitos, créditos, contas e subcontas de receitas e despesas, nos resultados econômicos, nos balanços e peças que os acompanham.

As adulterações são descobertas mediante atenta observação da representação gráfica e comprovam-se com exames, por meio de raciocínio lógico, por meio de confrontos com outras partes da escrituração e com documentos, principalmente por vestígios materiais, quais sejam: raspagens, borrões, emendas, substituição de folhas, erros de soma e subtração, de transporte, páginas ou espaços em branco, saltos de páginas ou de linhas, entrelinhas, escritos à margem, lacunas, ocultações de livros auxiliares, duplicidade de livros, antedatas e pós-datas, enxertos ou omissões de palavras. "Conta de chegar", arredondamentos, acertos forçados (martelamento, na gíria contabilística), cálculos errados, palavras ambíguas e outras formas são meios de adulteração da Contabilidade que envolvem falsidade com fins preconcebidos, inépcia ou negligência, sempre condenáveis, porque, nos casos de boa-fé, existem recursos profissionais honestos para corrigir, como sejam os estornos, as ressalvas e os termos ou documentos de correção lavrados conscientemente e com o testemunho e o depoimento escrito de interessados e a homologação de órgãos ou autoridades competentes.

2) Culpas profissionais – as imperfeições técnicas de organização e execução de Contabilidade, as negligências profissionais, os erros técnicos e de escrituração e outras irregularidades de escrita podem ser causa determinante ou concorrente, direta ou indireta, de prejuízos materiais e morais contrários ao dono de um patrimônio ou de terceiros em relações comerciais:

– Um inventário de mercadorias ou valores, uma verificação de caixa com resultados inexatos podem ser causas de prejuízo.

– A situação de uma conta de terceiros cujo saldo pode não corresponder à realidade pode determinar operações ou liquidações prejudiciais.

– O registro errado de uma operação traz sempre inconvenientes: deixar de satisfazer a uma obrigação no dia de seu vencimento, devido a informação errônea da Contabilidade, pode levar à falência; as infrações à Legislação Comercial, na escrituração, prejudicam a força probante desta; pagamentos indevidos ou antecipados, informados pela Contabilidade, acarretam prejuízo.

Essas irregularidades e todas as decorrentes da execução dos serviços contábeis constituem culpa do profissional, que deverá responder material ou moralmente pelos danos que causar.

3) Erros técnicos e de escrituração – a primeira distinção a fazer é a do erro substancial ou formal. Por definição, substancial é o que se refere à essência. Formal é referência à representação, expressão de atributos das coisas. Erro de forma é a representação gráfica defeituosa ou viciada de fatos. Em Contabilidade, o erro é de substância ou de conceito, quando se organiza plano de contas ou livros com impropriedades de indicação ou defeitos de função ou quando se consideram ou classificam fatos de maneira que não significam a realidade ou verdade.

Presume-se que todo erro é involuntário, qualificando-se como simulação, adulteração ou fraude, quando intencional. Dizemos que o erro é de técnica, quando a impropriedade ou a inexatidão contraria os Princípios Fundamentais de Contabilidade e suas Convenções ou as formas racionais consagradas nos meios profissionais. Deixar de registrar o endosso de uma letra cambial, por exemplo, seria um erro técnico, substancial e involuntário, discrepando-se, apenas, do conceito de que o endosso é uma corresponsabilidade.

Partindo do conceito de que a escrituração se processa por duas formas, compilação e transcrição nas ordens cronológica e sistemática, temos que os erros, em substância, podem ser de redação ou quantitativos. Em virtude do método escritural, os elementos das operações inscrevem-se nas contas, o que pode ensejar a possibilidade de erro de conta ou de posição na conta, a débito ou a crédito indevidamente. E, finalmente, em função do tempo, o erro pode ser de omissão ou repetição.

Nos processos, revisional ou pericial, procura-se o erro de escrituração mediante exame crítico da compilação e de seu confronto com a matéria transcrita com as respectivas fontes elementares. A localização de erros é fase necessária de observação. Uma escrituração com evidências de erro põe o revisor ou o perito de sobreaviso, para as conclusões que se oferecem em virtude dos efeitos respectivos. Quando crivada (eivada) de erros, a escrituração cria um estado de perplexidade, oscilando as conclusões revisionais ou periciais entre um severo julgamento da capacidade técnica do contador responsável pela escrituração. Em tais condições, há convicção de que a Contabilidade examinada motiva alguém a fazer agravos quanto à atuação moral do administrador e à culpa do contador.

4) Fraudes – motivam as fraudes em Contabilidade as intenções de lesão de interesses alheios. Daí a falsificação de lançamentos nas falências, as falsas situações de contas, reservas falsas, lucros líquidos alterados, erro de classificação de receita e despesa, omissão de entradas de dinheiro, repetição indevida das mesmas saídas de dinheiro e quaisquer outras falsidades escritas praticadas com intenção criminosa. Nas funções escritural e expositiva, a Contabilidade obedece aos princípios de um conhecimento organizado e às normas e aos processos que lhe asseguram exatidão.

A igualdade constante de débito contra crédito revela o rigor matemático do processo, mas a Contabilidade deve refletir fatos reais. Quando, porém, ela é usada para figurar fatos inexistentes, ou sem o rigor da veracidade e com a intenção de beneficiar alguém em prejuízo de outrem, existe aí fraude de Contabilidade, e ela passa a ser inverídica e, portanto, falsa.

Revelam a existência de fraudes os lançamentos a que não correspondem documentos ou comprovantes regulares, os lançamentos artificiosos que criam situações sem apoio em operações legítimas, as discordâncias com os registros comprovados de terceiros interessados, os estornos parciais ou totais, a troca de contas, erro de intitulação, as situações de balanço em desacordo com o resultado exato da escrituração, todas fraudes e/ou erros, enfim, que atestem irregularidade voluntária de escrita, com o propósito de enganar.

5) Infrações – não cumprimento de uma determinação administrativa e, principalmente, legal; cumpri-la parcialmente, com desvirtuamento ou deformação, é infringir normas ou preceitos a serem observados na Contabilidade.

Constitui transgressão que invalida uma Contabilidade a inobservância extrínseca e intrínseca das formalidades expressas pela Legislação Societária e Código Comercial em relação aos livros e aos vícios de escrituração condenados pelos mesmos diplomas legais, a inobservância de normas ou preceitos estatutários e contratuais no registro das operações e na satisfação de requisitos ou formalidades estabelecidas em leis ou em contratos. Na escrituração fiscal dá-se a infração quando não se obedece às determinações estabelecidas nas leis tributárias.

É também infração a desobediência aos padrões e classificação de balanço, quando impostos por lei, tais como: de Sociedades Anônimas, Bancos, Companhias de Seguros, Transportes Aéreos, Previdência Privada, Entidades Públicas etc.

6) Imperfeições técnicas – a organização do trabalho de Contabilidade obedece a planos previamente elaborados e sua execução é guiada por normas predeterminadas. Planos incompletos ou defeituosos são causas de imperfeições; normas deficientes ou mal orientadas, outras tantas causas de irregularidades e defeitos. Contas inadequadas e impropriedades de titulações produzem confusão e induzem a interpretações erradas; função de conta mal definida é causa de erros; síntese excessiva ou desdobramento desnecessário de contas produz dificuldades, obscurece ou complica o mecanismo contábil.

Livros que não atendam às exigências de clareza e método, livros auxiliares em grande número, sem necessidade, ou a ausência dos indispensáveis constituem imperfeições. O processo de escrituração, quando não obediente a método racional, torna os registros obscuros, mal coordenados, dificultando sua leitura e interpretação. Quaisquer desses processos devem orientar-se por normas de clareza, estética e exatidão rigorosa. Má redação, ou deficiência de histórico, palavras ou números ambíguos prejudicam o valor qualitativo da Contabilidade. A boa guarda e conservação dos livros e o perfeito arquivo dos comprovantes são requisitos irrecusáveis para sua valorização.

Segundo Malinverni[5] são indícios de fraude as seguintes imperfeições:

– desordem geral na escrituração, confusão e atraso;

– ausência de evidências (peças justificativas);

– insuficiência de quadratura (falta de balancetes e conferências);

– frequência exagerada de estornos.

7) Negligências profissionais – todo contador que responde pela Contabilidade de uma organização está na obrigação moral de manter a respectiva escrituração em boa ordem, "em dia". Representam, entretanto, negligência profissional: má guarda e má conservação dos livros, má apresentação de trabalho, acúmulo de documentos por escriturar, falta de asseio nos trabalhos e ausência ou atraso nas verificações. Nas conferências, as omissões de elementos, dados ou referências nos lançamentos são falhas de Contabilidade que desvalorizam os trabalhos e podem ser irregularidades administrativas. As omissões e imperfeições de lançamentos, por negligência, dificultam o trabalho de revisão ou peritagem, diminuem a força probante da escrituração e podem comprometer a situação do administrador, concorrendo para a agravação de situações fraudulentas ou dificultando a exata apreciação da ação administrativa.

Ainda que as negligências profissionais se originem de inépcia ou incapacidade técnica ou pessoal do contador, os efeitos serão sempre de inferioridade moral na justificação de atos da gestão, defesa de interesses perante terceiros ou justificação de infrações das leis.

---

[5]   In D'AURIA, op. cit., p. 50.

8) Responsabilidades profissionais – quer sejam involuntárias as falhas e culpas do contador, quer sejam intencionais, quer seja ação de dolo ou fraude, o profissional sofre as respectivas consequências, que se traduzem em perda de emprego, ressarcimento de prejuízos ou responsabilidade criminal.

A função pericial investiga e denuncia as causas de irregularidade, e o respectivo laudo é fundamento para promoção da responsabilidade, aplicando-se a punição ou penalidade que couber, na esfera administrativa, pelo proprietário ou dirigente do patrimônio e por autoridade judiciária ou outra competente, nos processos fiscais ou de responsabilidade profissional.[6]

No exercício de suas funções, o contador tem responsabilidade profissional pelos atos irregulares que praticar. Reiteramos, aquele que por desídia, incapacidade ou inépcia, desconhecimento, temeridade ou convicção, cometer irregularidades, e se causar danos, tem culpa passível de: **multa**, **suspensão**, **cassação** e **advertência**. Fundamentos expressos no Decreto-lei nº 9.295/46, que regulamentou a Profissão Contábil e criou o Conselho Federal de Contabilidade, art. 27, com a nova redação dada pela Lei nº 12.249/2010, alíneas: *a*, *b* e *c* (multas); *d* e *e* (suspensão); *f* (cassação); e *g* (advertência). O conjunto de Normas Brasileiras de Contabilidade hoje vigente no país expressa com clareza as responsabilidades profissionais nestas áreas.

9) Simulações – quando coisas e fatos administrativos não correspondem à verdade, quando alguém contraria normas e preceitos, ou quando são arquitetadas situações irreais e irregulares, temos a simulação caracterizada. Há simulações de inventários, de operações ou negócios, de débitos e créditos, de despesas ou prejuízos, de rendas ou lucros, de distribuição indevida ou evitada de lucros líquidos, de déficit ou superávit falso, situações aparentes ou falsas de balanços etc.

A simulação de inventário pode ser de omissão ou inclusão de elementos, superavaliação ou subavaliação e qualificação irreal de elementos.

Operações ou negócios simulados são os que não se verificaram ou com desvirtuamento na representação gráfica, ou omissão de operações e negócios legítimos. Quando, por artifício, existem operações simuladas, aparece uma intrincada trama de lançamentos, "jogo de contabilidade", que desafia a perspicácia, a paciência e a tenacidade do revisor ou perito.

Criação de débitos ou créditos que não se justificam, respaldados em comprovantes falsos ou duvidosos, omissões, parcelas mais elevadas ou inferiores às reais, antedata ou pós-data, contagem errada de tempo, erros de faturas e contas de vendas, cálculos errados

---

[6] A estrutura deste capítulo está baseada na obra que D'Auria escreveu sob o título *Revisão e perícia contábil*, em 1949, hoje, desatualizada juridicamente, porém com excelentes fundamentos teóricos (v. D'AURIA, 1962).

de juros, lançamentos omitidos ou indevidos são simulações a favor ou contra terceiros, feitas de acordo com estes ou à sua revelia.

Despesas, prejuízos, rendas, lucros inexistentes ou omitidos, falseados ou representados por valores irreais, sem comprovantes ou com falsa documentação, suas inclusões em contas elementares de ativo e passivo são simulações que se apuram em exames ou tomada de contas. Quaisquer desses fatos, que produzam aumento ou diminuição patrimonial, devem justificar-se por autorizações de órgãos competentes, em forma geral ou particular, constituindo falsidade ou simulação as conscientes impropriedades de classificação ou desacordo com as autorizações.

É artifício ou simulação aparentar e distribuir lucros líquidos inexistentes, assim como ocultá-los e, do mesmo modo, demonstrar déficit ou superávit falso por inexistência de um ou do outro, ou introversões a ponto de o déficit converter-se em superávit e vice-versa.

Dado que o balanço é uma condensação ou síntese do sistema e situação de contas, sua elaboração, em parte arbitrária, pode ser artificiosa ou simulada, indicando, consequentemente, situações que não sejam reflexo exato da realidade. Agrupamento errôneo ou duvidoso de elementos, infidelidade nas demonstrações, compensações de quantias ou contas, premeditadamente, e outras formas astuciosas simulam situações exatas e induzem a conclusões irreais que só a revisão, mediante exame da escrituração e comprovante, pode revelar.

2.3 Métodos alternativos para as práticas periciais

Muitos são os métodos que podem ser aplicados como auxílio ao **perito** no **trabalho de produção da prova pericial**, especialmente aqueles que já estão em uso no campo das ciências sociais aplicadas e das ciências exatas. Assim estamos elencando o conjunto que mais nos parece útil ao trabalho pericial:

– método de "Contabilidade Comparada" – segundo Hoog;

– método "Indutivo Axiomático" – segundo Lopes de Sá;

– método de "Estudo de Caso" – compartilhado com a "Investigação Documental" e de "Campo";

– os métodos "Indutivo" e "Dedutivo" – como auxilio à "Investigação Pericial";

– método de "Análise Comparativa" – exemplo de aplicação para determinar o Valor de Intangíveis;

– métodos de "Sistemas Matemáticos" – aplicáveis em "Cálculos de Amortização" e de "Juros".

2.3.1 Método de "Contabilidade Comparada" segundo Hoog

"**CONTABILIDADE COMPARADA** – comparação com o que se faz em outros países, ou com as normas internacionais de contabilidade. É método de pesquisa para, diante de uma lacuna na política contábil nacional, emitir uma posição, laudo ou parecer sobre fatos que requerem uma posição científica. E tem por objetivo descobrir os elementos comuns das concepções mediante a confrontação dos sistemas contábeis relacionados entre si. A contabilidade comparada implica um método para o estudo do direito contábil nacional, que consiste na observação repetida dos fenômenos quando produzidos em meios diferentes e em condições distintas, assim se estabelecem via analogia as semelhanças e as diferenças. Este método é muito difundido na Comunidade Europeia, notadamente para fins de doutrina com o objetivo de estudar o cotejo das diversas políticas contábeis. Este método de pesquisa não está restrito a comparar apenas as normas jurídicas e contábeis positivadas, mas também a doutrina, e, quando possível, a jurisprudência."[7]

2.3.2 Método "Indutivo Axiomático" segundo Lopes de Sá

"**MÉTODO INDUTIVO AXIOMÁTICO** – este método toma por diretriz o paradigma de um axioma, ou seja, uma verdade reconhecida, sem afastar a semântica. É um brocardo que gera teorias e teoremas, e compreende os seguintes passos ou ações: observar o fenômeno; analisá-lo, estudando as suas relações lógicas essenciais de necessidade, finalidade, meios patrimoniais, função ou utilização; mensurá-la adequadamente para conhecer a sua dimensão realista em relação à causa, efeito, tempo, espaço, qualidade e quantidade; conhecer as circunstâncias que geraram o fenômeno, em relação ao mundo social e todo o seu complexo de atos econômicos, políticos, jurídicos, ecológicos, tecnológicos e científicos; buscar a relação constante e todos esses elementos por uma comparação racional, e, por fim, compará-lo com os estados da eficácia."[8]

2.3.3 O método de "Estudo de Caso" compartilhado com "Investigação Documental" e de "Campo"

A Perícia Contábil, por excelência, é praticada tendo como universo um **caso específico**. Estudo de caso, na opinião de Gil (1996, p. 178), "é caracterizado pelo estudo profundo e exaustivo de um ou poucos objetos, de maneira que permita o seu amplo e detalhado conhecimento, tarefa praticamente impossível mediante outros delineamentos considerados". Cada caso de **investigação pericial** exige um campo definido de conhecimento e uma ação por parte do pesquisador, o perito.

---

[7]　HOOG, Wilson Aberto Zappa. *Moderno dicionário contábil*. 7. ed. Curitiba: Juruá, 2012.

[8]　LOPES DE SÁ, Antônio. *Teoria da Contabilidade*. 3. ed. São Paulo: Atlas, 2002 apud HOOG, op. cit., 2012.

Assim, compartilhando-se o **estudo de caso com a investigação documental e de campo**, definida por Nérici (1973, p. 129-130), como: "[...] àquela que vai buscar dados, não tanto em livros, mas junto a determinado campo empresarial/social, de determinada situação, [...] por meio de entrevistas ou questionários. É a pesquisa que vai às fontes de um fato, através do testemunho de pessoas, para melhor notá-lo, senti-lo e observá-lo", temos um conjunto de orientações científicas que permitirão com segurança **produzir a prova pericial**.

2.3.4 Os métodos "Indutivo" e "Dedutivo" como auxílio à "Investigação Pericial"

Os métodos **indutivo** e **dedutivo** fazem caminho oposto:

Enquanto o método indutivo parte de casos específicos para tentar chegar a um universo (o que, muitas vezes, leva a uma generalização indevida), o método dedutivo parte da análise do universo para então compreender os casos específicos.

Comparando os conceitos no exemplo a seguir, essas diferenças ficam bastante claras.

Vejamos em ilustração as diferenças entre argumentos indutivos e dedutivos.

Quadro 2.2 Métodos indutivo e dedutivo

Indutivo:

Premissa: Todos os coelhos observados tinham um coração. Conclusão: Logo, todo coelho tem um coração.

PARTICULAR → Indução → UNIVERSO

Dedutivo:

Premissas: (1) Todo mamífero tem um coração; (2) Se todos os coelhos são mamíferos. Conclusão: Logo, todo coelho tem um coração

UNIVERSO → Dedução → PARTICULAR

As características básicas que distinguem os argumentos indutivos dos dedutivos são:

Indutivos: (a) se todas as premissas são verdadeiras, a conclusão é provavelmente verdadeira, mas não necessariamente verdadeira; (b) a conclusão encerra informação que não estava, nem implicitamente, nas premissas.

Dedutivos: (a) se todas as premissas são verdadeiras, a conclusão deve ser verdadeira; (b) toda informação ou conteúdo factual da conclusão já estava, pelo menos implicitamente, nas premissas.

As conclusões sobre indução e dedução mostram que os dois tipos de argumento têm formalidades diversas – o indutivo tem o desígnio de ampliar o alcance dos conhecimentos; o dedutivo tem o propósito de explicar o conteúdo das premissas.

Os argumentos **indutivos** admitem diferentes graus de força, dependendo da capacidade das premissas de sustentarem a conclusão.

Analisando sob outro enfoque, diríamos que os argumentos **dedutivos** ou estão corretos ou incorretos; ou as premissas sustentam de modo completo a conclusão ou, quando a forma é logicamente incorreta, não a sustentam de forma alguma; portanto, não há graduações intermediárias.

Resumindo, os argumentos **indutivos** aumentam o conteúdo das premissas, com sacrifício da precisão, ao passo que os argumentos **dedutivos** sacrificam a ampliação do conteúdo para atingir a "certeza". O exemplo inicialmente apresentado mostra as características e as diferenças entre indutivo e dedutivo, mas não expressam sua real importância para a ciência.

2.3.5 Método de "Análise Comparativa" – exemplo de aplicação para determinar o "Valor de Intangíveis"

Existem vários esforços metodológicos para mensuração de intangíveis. Entre eles, merece especial atenção um estudo desenvolvido para determinação do valor do *"capital intelectual"* – esta questão sofreu grande impulso em meados dos anos 1990 com trabalho pioneiro desenvolvido pela Skandia, empresa sueca do ramo de seguros e serviços financeiros (relatório de 1994). Experiência relatada por Edvinsson e Malone,[9] em cujo relatório dividem o capital intelectual em dois grandes grupos: *capital humano* (não pode ser negociado) e *capital estrutural* (pode ser vendido):

✓*capital humano* – inclui, além da capacidade individual de seus trabalhadores em combinar *conhecimentos e habilidades* para inovar e realizar suas tarefas, os valores da *cultura e filosofia da empresa*;

✓*capital estrutural* – é o que fica na empresa quando os funcionários vão para casa, inclui: *hardware, software*, bancos de dados, patentes, marcas e demais ativos de idêntica natureza.

---

[9] TERRA, José Cláudio Cyrineu. *Gestão do conhecimento*. São Paulo: Negócio, 2000. p. 165.

Nessa mesma linha de pesquisa há outras classificações, por exemplo:

Sveiby – o autor do modelo estatístico mostrado adiante, para demonstrar uma prática, divide capital intelectual em três componentes:

1) competências dos trabalhadores;

2) estrutura interna – patentes, conceitos, modelos e sistemas administrativo e de informática;

3) estrutura externa – relações com clientes e fornecedores, marcas, reputação e imagem da empresa.

Pensando as classificações do relatório Skandia e observando o modelo de Sveiby, é possível perceber o que pode ser mensurado contabilmente e o que não pode.

A avaliação relativa com dados de múltiplas empresas parte da hipótese de que ativos semelhantes devem ter valores semelhantes. Nesta hipótese buscar-se-ão os valores de mercado das ações de empresas semelhantes. Aplicando este método ou técnica faz-se a prova por presunção.

Aplicando o modelo de Sveiby, que é a comparação dos *valores patrimoniais das ações* das empresas segundo os seus balanços com os *valores de mercado das ações* das mesmas empresas, **a diferença encontrada representa os intangíveis, não mensuráveis contabilmente, que compõem o capital intelectual**.

O modelo estatístico, ao qual nos reportamos, é apresentado na Tabela 2.1 e no gráfico da Figura 2.1.

Tabela 2.1 Análise comparativa do VALOR PATRIMONIAL das ações comparadas ao VALOR DE MERCADO das ações

		Fonte: Balanço Patrimonial (BP)	Fonte: Mercado de ações	Diferença: Ativos ocultos (intangíveis)
1	Ind. farmacêutica e serviços de saúde	100	380	280
2	Ind. de componentes eletrônicos	100	300	200
3	Ind. de máquinas	100	200	100
4	Serviços de informática	100	250	150
5	Serviços bancários	100	180	80
6	Imobiliário e construção civil	100	130	30

Fonte: TERRA, José Cláudio Cyrineu. *Gestão do conhecimento*. São Paulo: Negócio, 2000. p. 29, in SVEIBY. *Morgan & Stanley World Index* (1997).

Análise comparativa: VALOR PATRIMONIAL das ações x VALOR DE MERCADO das ações

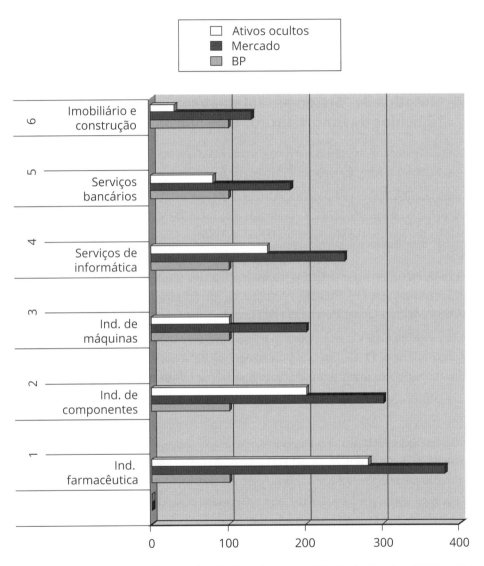

Fonte: TERRA, José Cláudio Cyrineu. *Gestão do conhecimento*. São Paulo: Negócio, 2000. p. 29, in SVEIBY. *Morgan & Stanley World Index* (1997), com ajustes.

Figura 2.1 Análise comparativa do valor das ações ou quotas de capital.

O exemplo aqui apresentado é de cunho científico, com a aplicação de modelo estatístico, focado em empresas de capital acionário, das quais é possível comparar o valor das ações segundo o Balanço Patrimonial com o valor das ações no mercado acionário.

Sabe-se que, no Brasil, predominam as sociedades empresariais limitadas, cujo capital é formado por quotas, e que elas não divulgam seus valores no mercado. **Um método que pode ser aplicado com eficácia para a utilização do modelo de Sveiby nas limitadas é a "Análise Comparativa", selecionando-se o ramo de atividade que mais se assemelha, entre os seis itens demonstrados, com o ramo de atividade da sociedade limitada, objeto da perícia.**

2.3.6 Métodos de "Sistemas Matemáticos" aplicáveis em "Cálculos de Amortização" e de "Juros"

Cientificamente, são conhecidos dois sistemas que podem ser aplicados para cálculos de juros: *Sistema de Juros Compostos* e *Sistema de Juros Simples*.

Como ampliações metodológicas, existem inúmeras variantes desses sistemas aplicadas nas práticas de amortizações. Pelo menos oito métodos sistematizados estão elencados na literatura pericial mais recente: GRAUSS; SM; SAL; SAF; PRICE; SAC; SAM; SACRE.[10]

Entre os métodos sistematizados, os mais utilizados são três: (a) **SAF** – Sistema de Amortização Francês; (b) **PRICE** – Sistema de Amortização pela Tabela Price; e (c) **GRAUSS** – Método Linear Ponderado de Grauss.

a) No método **SAF** a taxa é efetiva, por isso deve ser encontrado o seu equivalente, a **função exponencial** $(1+i)^n$ para um mês é equivalente à **taxa efetiva** (i) para o período n. O uso deste sistema implica capitalização mensal para alcançar a taxa do período anual.

Exemplificando: $\{(1,0072073)^{12} = 9\% \text{ aa}\}$, se aplicada mensalmente **com** capitalização.

b) No método **PRICE** a taxa é nominal, não há por que encontrar equivalente, pois a **taxa anual** (it) dividida por 12 é igual à **taxa mensal** (iq). O uso deste sistema não implica capitalização mensal para atingir a taxa do período anual.

Exemplificando: (0,75% a.m.= 9% a.a.), se aplicada mensalmente **sem** capitalização.

c) No método **GRAUSS** utilizam-se juros simples, a fórmula é fundamentada em progressão aritmética.

Observe-se que os métodos **SAF** e **PRICE** propiciarão o mesmo resultado matemático. Isso porque a **função exponencial** é encontrada **por dentro** da **taxa nominal**.

O método **GRAUSS** utiliza juros simples e seu uso não admite capitalização.

---

[10] MÜLLER, Aderbal Nicolas. *Cálculos periciais*. Curitiba: Juruá, 2007. p. 148.

Comparando os resultados:

– utilizando SAF ou PRICE – a soma das parcelas para amortizar será **maior**;

– utilizando GRAUSS – a soma das parcelas para amortizar será **menor**.

Questões para revisão

1. Como se traduz a função administrativa da Contabilidade?

2. Que vem a ser a função revisora?

3. Que significa função pericial?

4. Quais as distinções entre função revisora e pericial?

5. Quais os três tipos de perícia, segundo D'Auria?

6. Quais as diferenças entre Perícia Judicial e Extrajudicial?

7. Em síntese, o que é Perícia Judicial?

8. Quais são, em síntese, as principais razões para se fazer uma perícia?

9. Quais fatores concorrem para que haja imperfeições ou irregularidades nos atos praticados pela administração das entidades?

10. Quais as irregularidades contábeis mais comuns, encontradas quando da realização de trabalhos periciais?

11. Qual a diferença entre erro involuntário e erro técnico, e quais situações concorrem para sua existência?

12. Quais as possibilidades de ocorrência de adulterações de dados ou de informações contábeis?

13. Em que situações ocorrem fraudes?

14. A quais punições estão sujeitos os profissionais que cometem irregularidades, como falsificação de documentos, omissão de receitas, aumento de despesas etc.?

15. Partindo da premissa de que a função revisora concorre para a ordem e a estabilidade das instituições, qual sua opinião a respeito dessa condição?

16. Quais as funções fundamentais da Contabilidade?

17. Quais as funções complementares da Contabilidade?

18. No aspecto contábil, quais os significados dos seguintes termos: (a) adulteração; (b) erro; (c) fraude; (d) imperfeição; (e) infração; (f) negligência; (g) simulação?

19. Que se pode entender por consequência danosa?

20. Que se pode entender por ação ou ato culposo?

21. Discutir a função revisora abordando os seguintes aspectos: (a) administrativo; (b) técnico; (c) psicológico; (d) social; (e) profissional.

22. Comente: "As consequências danosas das irregularidades da gestão administrativa, quando identificadas, invocam incriminação e culpa de seus causadores."

23. Escreva uma síntese sobre responsabilidade civil.

24. Escreva sínteses sobre: (a) peculato; (b) prevaricação; (c) estelionato.

25. Quais são os principais indícios da fraude?

26. Que tipos de transgressões simuladas a Contabilidade pode gerar?

27. Quais as possibilidades de simulação de informes contábeis?

28. Escreva um texto sintético sobre culpas profissionais.

29. Faça um breve resumo sobre o assunto abordado neste capítulo.

Capítulo 3
Base Processual e Operacional da Perícia Contábil

O núcleo central deste livro é a Perícia Contábil Judicial, embora tenhamos inserido em seu conteúdo algumas noções de Perícia Extrajudicial. A base processual e operacional da Perícia Contábil Judicial e sua processualística compreendem dois momentos distintos, que podemos classificar como *Atos Preparatórios* e *Atos de Execução do Trabalho Pericial*.

3.1 Atos preparatórios

Como atos preparatórios, podemos apontar, com fundamento básico no CPC:

- nomeação e indicações do perito e do(s) assistente(s);
- motivos e decorrências da nomeação e das indicações;
- fundamentos da nomeação, das indicações e das situações decorrentes.

Durante os atos preparatórios, especialmente depois da intimação, o perito pode, como é habitual, acessar o processo no **sistema eletrônico** e/ou retirar os autos do **cartório ou secretaria** para inteirar-se de seu conteúdo, ou pedir vistas nos autos no próprio juízo. Conhecidas as peculiaridades do processo, o perito tem que decidir se aceita ou se escusa (declina) da função para a qual foi nomeado.

Condições para ACEITAR – a regra geral é que esteja **legalmente habilitado, e técnica e cientificamente preparado**. O fato de haver sido nomeado não obriga o perito ao exercício pericial, pois cabe-lhe o direito de aceitar ou escusar-se (declinar) da função. São condições para DECLINAR ou ESCUSAR-SE: (a) impedimento legal; (b) suspeição; (c) não ser especializado na matéria objeto da perícia; (d) força maior.

Como atos preparatórios da perícia entende-se tudo aquilo que precede e decorre da nomeação do perito pelo magistrado (CPC, art. 465) ou sua indicação pelas partes (CPC, art. 471).

As orientações emanadas das doutrinas sinalizam a nomeação do perito como distinção, reconhecimento de capacidade e honradez profissional.

Trabalho utilizado para esclarecer dúvidas na interpretação da prova dos fatos de natureza técnica e científica e da captura de provas fora dos autos (diligenciar), possibilitando a produção da prova pericial.

Chama-se a atenção dos usuários deste livro para o fato de que leis processuais recebem inovações com frequência; portanto, transcorrido algum tempo da sua edição, recomenda-se acessar a página <www.planalto.gov.br/legislacao> e confirmar a vigência do fundamento processual invocado.

Com o propósito de auxiliar o leitor no entendimento da dinâmica do processo judicial (fluxo da tramitação) apresenta-se na sequência, como ilustração, o **Quadro 3.1**, a seguir.

Quadro 3.1   Rotina das práticas processuais durante a produção da prova pericial

1. Juiz: nomeia perito e determina diligências.

2. Secretaria recebe e elabora intimação **ao perito e às partes**: (2a) expede intimação ao perito; (2b) expede intimação às partes.

3. Secretaria recebe e inclui nos autos **orçamento elaborado e protocolado pelo perito** e manifestações de **autoria das partes**.

4. Juiz: analisa, decide e determina diligências.

5. Secretaria dá cumprimento à decisão do juiz: (5a) faz **encaminhamento da decisão ao perito**; (5b) faz **encaminhamento da decisão às partes**.

6. Secretaria recebe e inclui nos autos as **provas periciais**: (6a) **laudo de autoria do perito**; (6b) **pareceres de autoria dos assistentes técnicos**.

7. Juiz: agenda audiência de conciliação e julgamento e determina diligências.

8. Secretaria prepara intimações: (8a) dá conhecimento **ao perito, às partes e aos assistentes técnicos do agendamento da audiência**; (8b) recebe das **partes quesitos de esclarecimentos**.

9. Secretaria prepara intimações: (9a) intima **perito dos quesitos de esclarecimentos**; (9b) intima **assistentes técnicos dos quesitos de esclarecimentos**.

10. Juiz: preside audiência de instrução e julgamento onde é gerado o Termo de Audiência.

3.1.1 Nomeação e indicações do perito e do(s) assistente(s)

Para ser nomeado perito, exigir-se-ão as condições legal e tecnocientífica comprovada pelo órgão fiscalizador da profissão e seu cadastro no sistema judiciário, ter boa formação profissional, ética e moral. A nomeação para litígios cíveis dar-se-á segundo regras do Código de Processo Civil (CPC) – Lei nº 13.105, de 16 de março de 2015 –, art. 465, e para reclamações trabalhistas a Lei Processual Trabalhista (LPT) – Lei Federal nº 5.584/70 (art. 3º).

A aceitação do encargo independe de termo de compromisso. Veja a transcrição dos artigos que disciplinam a nomeação/indicação e atos decorrentes, no **item 3.1.3**.

O perito oficialmente nomeado é **auxiliar da justiça**, subordinado ao juiz, podendo reportar-se aos procuradores e assistentes das partes, ao Ministério Público, à entidade gestora da massa patrimonial a ser periciada e às entidades nas quais fizer diligências. Seus poderes são limitados aos meios necessários e legais, no sentido de buscar os esclarecimentos e as comprovações dos fatos para elucidação das dúvidas levantadas, em forma de quesitos formulados, pelo magistrado e/ou pelas partes e pelo Ministério Público:

> "Art. 149. São **auxiliares da Justiça**, além de outros cujas atribuições sejam determinadas pelas normas de organização judiciária, o escrivão, o chefe de secretaria, o oficial de justiça, **o perito** [grifamos], o depositário, o administrador, o intérprete, o tradutor, o mediador, o conciliador judicial, o partidor, o distribuidor, o contabilista e o regulador de avarias."

As tarefas necessárias para a obtenção de provas dos fatos compreendem, em síntese: (a) obtenção de informações; (b) solicitação de documentos que estejam em poder das partes ou em repartições públicas; (c) ouvir pessoas/testemunhas e obter declarações; (d) instruir o laudo com plantas, desenhos, fotografias e outras quaisquer peças que auxiliem na compreensão dos fatos investigados (CPC, art. 473, § 3º).

Embora contemplada como meio a **oitiva de testemunhas pelo perito**, por cautela deve ser evitada, em razão de jurisprudências que restringem sua validade, quando não praticada na presença do juiz.

Intimado da nomeação, uma das principais providências do **perito** será a de verificar se não está impedido ou suspeito para aceitar o encargo. Os motivos para a recusa são, em resumo, os seguintes: (a) de ordem legal (impedimento ou suspeição); (b) de ordem profissional (falta de conhecimento da matéria objeto da lide, falta de recursos humanos ou materiais para desempenhar o encargo, dentre outros); (c) de ordem pessoal (questões íntimas). Ciente de qualquer dessas situações, deve o perito declinar da nomeação.

Na impossibilidade de assumir ou de cumprir o encargo, deve o **perito** manifestar-se dentro de 15 (quinze) dias contados da intimação de sua nomeação, para escusar-se ou renunciar, indicando suas razões, pois o seu silêncio implica na aceitação do encargo (CPC, art. 157, § 1º).

A Norma Brasileira de Contabilidade (NBC TP 01 – Normas Profissionais do Perito Contábil) indica também as situações em que o perito contador estará impedido de executar a perícia. Um dos principais motivos de impedimento é o parentesco que se estabelece em duas formas: (a) **parentes consanguíneos** (em linha reta: pai/filho; avô/neto; e em linha colateral: os irmãos); (b) **parentes por afinidade** (pais, avós, filhos, netos e irmãos do cônjuge).

O perito poderá ser substituído, também, pela falta de cumprimento do prazo que lhe foi assinado (CPC, art. 468, II). Caso em que o juiz comunicará a ocorrência ao órgão profissional da categoria, podendo ainda fixar o valor da multa, em vista do valor da causa e o possível prejuízo decorrente do atraso do processo.

O perito tem uma grande responsabilidade pelas ações que pratica; e se as suas afirmações ou omissões causarem prejuízos às partes, ele estará sujeito a sanções civis, penais e profissionais.

As nomeações de peritos podem ocorrer com mais frequência de forma individual, exceto tratando-se de perícia consensual ou complexa. Há também situações nas quais utiliza-se a forma de equipes multidisciplinares.

Em síntese, como *atos preparatórios da perícia*, podemos apontar: *nomeação de ofício; nomeação requerida; indicação simultânea; indicação de assistente; intimação; escusa/declinatória*:

a) *Nomeação de ofício* – é realizada por iniciativa do juiz de Direito, quando sente a necessidade de ser orientado quanto ao conteúdo técnico ou científico; isso ocorre com mais frequência na interpretação das provas dos fatos – "Art. 156. O juiz será assistido por perito quando a prova do fato depender de conhecimento técnico ou científico." Segundo as regras do CPC, a produção da prova pericial – "Art. 464. A prova pericial consiste em exame, vistoria ou avaliação" – é requerida de ofício nas seguintes situações:

1. na inspeção de pessoa ou coisa – **a fim de se esclarecer sobre fato que interesse à decisão da causa** – "Art. 482. Ao realizar a inspeção, o juiz poderá ser assistido por um ou mais peritos";

2. no arbitramento pelo juiz – **para decisão de liquidação** – "Art. 510. Na liquidação por arbitramento, o juiz intimará as partes para a apresentação de pareceres ou documentos elucidativos, no prazo que fixar, e, caso não possa decidir de plano, **nomeará perito** [grifamos], observando-se, no que couber, o procedimento da prova pericial";

3. na resolução de sociedades:

– **apuração de haveres** – "Art. 604. Para apuração dos haveres, o juiz: I – fixará a data da resolução da sociedade; II – definirá o critério de apuração dos haveres à vista do disposto no contrato social; e III – nomeará o perito"; e

– **valor patrimonial apurado em balanço de determinação** – "Art. 606. Em caso de omissão do contrato social, o juiz definirá, como critério de apuração de haveres, o valor patrimonial apurado em balanço de determinação, tomando-se por referência a data da resolução e avaliando-se bens e direitos do ativo, tangíveis e intangíveis, a preço de saída, além do passivo também a ser apurado de igual forma. Parágrafo único. Em todos os casos em que seja necessária a realização de perícia, a nomeação do **perito** [grifamos] recairá preferencialmente sobre especialista em avaliação de sociedades";

4. no inventário e partilha de bens de espólio:

– **avaliação das quotas sociais ou apuração de haveres** – "Art. 620. Dentro de 20 (vinte) dias contados da data em que prestou o compromisso, o inventariante fará as primeiras declarações, das quais se lavrará termo circunstanciado, assinado pelo juiz, pelo escrivão e pelo inventariante, [...]. § 1º O juiz determinará que se proceda: I – ao balanço do estabelecimento, se o autor da herança era empresário individual; II – à apuração de haveres, se o autor da herança era sócio de sociedade que não anônima. [...]. Art. 630. Findo o prazo previsto no art. 627 sem impugnação ou decidida a impugnação que houver sido oposta, o juiz nomeará, se for o caso, **perito** [grifamos] para avaliar os bens do espólio, se não houver na comarca avaliador judicial. Parágrafo único. Na hipótese prevista no art. 620, § 1º, o juiz **nomeará perito** para avaliação das quotas sociais ou apuração dos haveres"; e

– **avaliação de bens do espólio** – "Art. 631. Ao avaliar os bens do espólio, o perito observará, no que for aplicável, o disposto nos arts. 872 e 873." Ressalta-se que a **avaliação de bens**, enunciada no art. 631 do CPC, deve orientar-se em combinação com as regras expressamente definidas no *Código Civil Brasileiro, art. 1.187*;

5. no levantamento de curatela – "Art. 756. Levantar-se-á a curatela quando cessar a causa que a determinou. § 1º O pedido de levantamento da curatela poderá ser feito pelo interdito, pelo curador ou pelo Ministério Público e será apensado aos autos da interdição. § 2º O **juiz nomeará perito ou equipe multidisciplinar para proceder ao exame do interdito** [grifamos] e designará audiência de instrução e julgamento após a apresentação do laudo";

6. na realização de nova perícia – **para corrigir eventual omissão ou inexatidão dos resultados da primeira** – "Art. 480. O juiz determinará, de ofício ou a requerimento da parte, a realização de nova perícia quando a matéria não estiver suficientemente esclarecida."

b) *Nomeação requerida* – ocorre quando uma das partes ou ambas, desejando orientação técnica ou científica que possa contribuir para elucidar dúvidas nas provas de apoio à decisão, requer a produção de prova pericial. Assim, compete ao juiz decidir pelo deferimento ou não.

c) *Indicação simultânea* – ocorre quando as partes de comum acordo fazem indicação do perito e dos assistentes técnicos – **"Art. 471. As partes podem, de comum acordo, escolher o perito, indicando-o mediante requerimento, desde que: I – sejam plenamente capazes; II – a causa possa ser resolvida por autocomposição. § 1º As partes, ao escolher o perito, já devem indicar os respectivos assistentes técnicos para acompanhar a realização da perícia, que se realizará em data e local previamente anunciados. § 2º O perito e os assistentes técnicos devem entregar, respectivamente, laudo e pareceres em prazo fixado pelo juiz. § 3º A perícia consensual substitui, para todos os efeitos, a que seria realizada por perito nomeado pelo juiz"** [grifamos]. Assim deduz-se que, nestas condições, o juiz não faz a nomeação; porém, se deferir o requerimento, fixará o prazo para realização da perícia.

d) *Indicação de assistente* – ocorre quando uma das partes ou ambas, desejando ser assistida para conhecer mais profundamente o interesse litigado, e mesmo para procedimentos mais objetivos, indica assistente técnico "Perito da Parte".

e) *Intimação* – feita a nomeação, o Juiz manda intimar as pessoas do perito, das partes e de quem mais de direito (isto é, cientificá-las) de que foi nomeado o perito e abre prazo para a indicação de assistentes técnicos e apresentação de quesitos – por meio de uma comunicação formal, chamada "mandado de intimação", ou de "carta de intimação" em que lhes são informados o número e o título dos autos, os prazos para aceitação ou escusa/recusa, e outras informações inerentes ao processo.

f) *Escusa/declinatória* – quando existem motivos de ordem legal, técnica ou científica o perito pode declinar da nomeação. Isto é, escusar-se, não aceitando a incumbência resultante do exercício da função de periciar o caso. "Art. 157. O **perito tem o dever de cumprir o ofício** no prazo que lhe designar o juiz, empregando toda sua diligência, podendo escusar-se do encargo alegando motivo legítimo [grifamos]. § 1º A escusa será apresentada no prazo de 15 (quinze) dias, contado da intimação, da suspeição ou do impedimento supervenientes, sob pena de renúncia ao direito a alegá-la."

3.1.2 Motivos para a nomeação e indicações do perito e dos assistentes e as condições para aceitar o encargo

A nomeação do **perito**, em síntese, é motivada em situações especiais que se tornam conhecidas no saneamento do processo, tais como: sempre que justificar-se a produção de prova pericial, **para elucidação de dúvidas na interpretação de provas**; na inspeção de pessoa ou coisa, **a fim de se esclarecer sobre fato que interesse à decisão da causa**; no arbitramento – **para decisão de liquidação**; na resolução de sociedades, para **apuração de haveres** e **balanço de determinação para apuração de valor patrimonial**; no inventário e partilha de bens de espólio, **para avaliação das quotas sociais ou apuração de haveres** e a **avaliação de bens do espólio**; no levantamento de curatela, **quando o juiz nomeará perito ou equipe multidisciplinar para proceder ao exame do interdito**; na realização de nova perícia, **para corrigir eventual omissão ou inexatidão dos resultados da primeira**.

Tratando-se de perícia complexa que abranja mais de uma área de conhecimento especializado, o juiz poderá **nomear mais de um perito**, e a parte, indicar mais de um assistente técnico (CPC, art. 475).

Uma vez nomeado e intimado o **perito**, um conjunto de fatos decorrentes é esperado. As partes, representadas por seus advogados, têm como prerrogativas arguir o impedimento ou a suspeição do **perito**, indicar assistentes técnicos e apresentar quesitos.

O **perito**, caso aceite a incumbência da nomeação, deve tomar providências preparatórias como:

– elaborar o plano de trabalho a ser executado e o orçamento dos custos e despesas com atos de execução da perícia;

– refletir sobre sua situação profissional com o propósito de analisar sua condição de habilitação legal para o exercício do encargo;

– averiguar se existem motivos de ordem legal para escusar-se, cujas restrições de impedimento e/ou suspeição são as mesmas aplicadas ao juiz e estão expressas nos arts. 144 a 148 e 465 a 467 do CPC.

3.1.3 Fundamentos da nomeação e das indicações, intimação e condições para aceitar o encargo

A Figura 3.1 é um caminho para chegar aos fundamentos processuais transcritos nesta seção. As sínteses das informações escritas na figura estão ordenadas com letras maiúsculas (**A** até **M**). Da mesma forma, as transcrições desses fundamentos estão ordenadas na ordem crescente dos artigos, na sequência.

Atos Preparatórios da Perícia

MOTIVOS DA NOMEAÇÃO E INDICAÇÕES DO PERITO E DOS ASSISTENTES – Sempre que se justificar a produção da prova pericial (arts. 156, 465 e 471). Exemplificando:

A) Inspeção de pessoas ou coisas (art. 482).
B) Arbitramento pelo juiz – decisão de liquidação (art. 510).
C) Resolução de sociedades – a apuração de haveres (art. 604) e balanço de determinação (art. 606).
D) Inventário e partilha de bens de espólio – a avaliação das quotas sociais ou apuração de haveres (art. 630) e avaliação de bens (CPC, art. 631, e CCB, art. 1.187).
E) Levantamento de curatela – art. 756).
F) Realização de nova perícia (art. 480).

DECORRÊNCIAS DA NOMEAÇÃO E/OU INDICAÇÕES: INTIMAÇÔES; CONDIÇÔES PARA EXERCER O ENCARGO; PRAZOS

G) Intimação (art. 269).
H) Condições para exercer o encargo:
    1ª) Não haver impedimento ou suspeição (art. 148);
    2ª) Habilitação legal (art. 156);
    3ª) Dever de ofício (art. 157).
I) Escusa a pedido do perito (art. 157).
J) Prazos: para entrega do laudo e do parecer; Indicação de assistentes; elaboração de quesitos (art. 465).
K) Dever de assegurar acesso aos assistentes (art. 466).
L) Recusa do perito pelas partes (art. 467).
M) Substituição do perito (art. 468).

Nomeação [...]

Fonte: Magalhães e Lunkes. *Perícia contábil nos processos cível e trabalhista.* São Paulo: Atlas, 2008, p. 28 (ajustada ao novo CPC).

Figura 3.1   Chave de fundamentação dos atos preparatórios da perícia.

Transcrevem-se adiante as fundamentações processuais: *dos motivos da nomeação/indicação do* **perito**; *da indicação dos assistentes; da intimação; dos prazos e das condições de habilitação, escusa, impedimento e suspeição*, expressos no CPC, CPP e na LPT, pertinentes a cada um dos enunciados.

- ### MOTIVOS DA NOMEAÇÃO E DAS INDICAÇÕES DO PERITO E DE ASSISTENTES:

Isso acontecerá sempre que se justificar a **produção da prova pericial (arts. 156, 465 e 471)**. Exemplificando: apuração de lucros cessantes em processos de indenização; exame dos livros contábeis e fiscais nos litígios em operações comerciais e de serviços; exame do valor probante dos documentos na fase de instrução das reclamações trabalhistas e cálculos das verbas rescisórias na fase de execução; verificações da aplicação de juros e encargos financeiros nos contratos de empréstimos e nas ações de revisão contratual de operações comerciais e de serviços; verificação de prestações de contas de consórcios e condomínios (entre outras). Ao fundamentarem-se a nomeação (CPC, art. 157) e/ou a indicação do perito (CPC, art. 471, § 1º) e as indicações dos assistentes, faz-se necessário identificar os *motivos* que levaram o magistrado ou as partes a requerer a *prova pericial*. Ditos motivos estão classificados, segundo ordenamento alfabético, com letras maiúscula (**A** até **F**), a seguir:

A) Inspeção de pessoas ou coisas (art. 482)

> "Art. 482. Ao realizar a inspeção, o juiz poderá ser assistido por um ou mais peritos."

B) Arbitramento pelo juiz – decisão de liquidação (art. 510)

> "Art. 510. Na liquidação por arbitramento, o juiz intimará as partes para a apresentação de pareceres ou documentos elucidativos, no prazo que fixar, e, caso não possa decidir de plano, **nomeará perito** [grifamos], observando-se, no que couber, o procedimento da prova pericial."

C) Resolução de sociedades:

– **apuração de haveres (art. 604);**

– **balanço de determinação (art. 606).**

> "Art. 604. Para apuração dos haveres, o juiz: I – fixará a data da resolução da sociedade; II – definirá o critério de apuração dos haveres à vista do disposto no contrato social; e III – nomeará o perito."

> "Art. 606. Em caso de omissão do contrato social, o juiz definirá, como critério de apuração de haveres, o valor patrimonial apurado em balanço de

determinação, tomando-se por referência a data da resolução e avaliando-se bens e direitos do ativo, tangíveis e intangíveis, a preço de saída, além do passivo também a ser apurado de igual forma. Parágrafo único. Em todos os casos em que seja necessária a realização de perícia, a nomeação do perito recairá preferencialmente sobre especialista em avaliação de sociedades."

D) Inventário e partilha de bens de espólio:

– balanço do estabelecimento (art. 620, § 1º, I);

– a apuração de haveres (art. 620, § 1º, II);

– a avaliação das quotas sociais (art. 630); ou

– avaliação de bens (CPC, art. 631 e CCB, art. 1.187).

"Art. 620. Dentro de 20 (vinte) dias contados da data em que prestou o compromisso, o inventariante fará as primeiras declarações, das quais se lavrará termo circunstanciado, assinado pelo juiz, pelo escrivão e pelo inventariante, no qual serão exarados: [incisos I, II, III, IV e suas alíneas: *a* até *h*]. § 1º **O juiz determinará que se proceda: I – ao balanço do estabelecimento, se o autor da herança era empresário individual; II – à apuração de haveres, se o autor da herança era sócio de sociedade que não anônima.** [grifamos] § 2º As declarações podem ser prestadas mediante petição, firmada por procurador com poderes especiais, à qual o termo se reportará."

"Art. 630. Findo o prazo previsto no art. 627 sem impugnação ou decidida a impugnação que houver sido oposta, **o juiz nomeará, se for o caso, perito para avaliar os bens do espólio, se não houver na comarca avaliador judicial. Parágrafo único. Na hipótese prevista no art. 620, § 1º, o juiz nomeará perito para avaliação das quotas sociais ou apuração dos haveres**" [grifamos].

"Art. 631. **Ao avaliar os bens do espólio, o perito observará, no que for aplicável, o disposto nos arts. 872 e 873**" [grifamos].

Art. 1.187 do Código Civil Brasileiro. "Na coleta dos elementos para o inventário serão observados os critérios de avaliação a seguir determinados:

I – os bens destinados à exploração da atividade serão avaliados pelo custo de aquisição, devendo, na avaliação dos que se desgastam ou depreciam com o uso, pela ação do tempo ou outros fatores, atender-se à desvalorização respectiva, criando-se fundos de amortização para assegurar-lhes a substituição ou a conservação do valor;

II – os valores mobiliários, matéria-prima, bens destinados à alienação, ou que constituem produtos ou artigos da indústria ou comércio da empresa, podem ser estimados pelo custo de aquisição ou de fabricação, ou pelo preço corrente, sempre que este for inferior ao preço de custo, e quando o preço corrente ou venal estiver acima do valor do custo de aquisição, ou fabricação, e os bens forem avaliados pelo preço corrente, a diferença entre este e o preço de custo não será levada em conta para a distribuição de lucros, nem para as percentagens referentes a fundos de reserva [ver o art. 286 do Código Civil Brasileiro];

III – **o valor das ações e dos títulos de renda fixa pode ser determinado com base na respectiva cotação da Bolsa de Valores; os não cotados e as participações não acionárias serão considerados pelo seu valor de aquisição** [grifamos];

IV – os créditos serão considerados de conformidade com o presumível valor de realização, não se levando em conta os prescritos ou de difícil liquidação, salvo se houver, quanto aos últimos, previsão equivalente.

Parágrafo único. Entre os valores do ativo podem figurar, desde que se preceda, anualmente, à sua amortização:

I – as despesas de instalação da sociedade, até o limite correspondente a dez por cento do capital social;

II – os juros pagos aos acionistas da sociedade anônima, no período antecedente ao início das operações sociais, à taxa não superior a doze por cento ao ano, fixada no estatuto;

III – a quantia efetivamente paga a título de aviamento de estabelecimento adquirido pelo empresário ou sociedade."

E) Levantamento de curatela (art. 756)

"Art. 756. Levantar-se-á a curatela quando cessar a causa que a determinou. § 1º O pedido de levantamento da curatela poderá ser feito pelo interdito, pelo curador ou pelo Ministério Público e será apensado aos autos da interdição. § 2º O **juiz nomeará perito ou equipe multidisciplinar para proceder ao exame do interdito** [grifamos] e designará audiência de instrução e julgamento após a apresentação do laudo. § 3º Acolhido o pedido, o juiz decretará o levantamento da interdição e determinará a publicação da sentença, após o trânsito em julgado, na forma do art. 755, § 3º, ou, não sendo possível, na imprensa local e no órgão oficial, por 3 (três) vezes, com intervalo de 10 (dez) dias, seguindo-se a averbação no registro de pessoas naturais. § 4º A interdição poderá ser levantada parcialmente quando demonstrada a capacidade do interdito para praticar alguns atos da vida civil.

Art. 757. A autoridade do curador estende-se à pessoa e aos bens do incapaz que se encontrar sob a guarda e a responsabilidade do curatelado ao tempo da interdição, salvo se o juiz considerar outra solução como mais conveniente aos interesses do incapaz.

Art. 758. O curador deverá buscar tratamento e apoio apropriados à conquista da autonomia pelo interdito."

F) Realização de nova perícia (art. 480)

"Art. 480. O juiz determinará, de ofício ou a requerimento da parte, a realização de nova perícia quando a matéria não estiver suficientemente esclarecida."

- ### *DECORRÊNCIAS DA NOMEAÇÃO E INDICAÇÕES: INTIMA-ÇÕES; CONDIÇÕES PARA EXERCER O ENCARGO; E PRAZOS*

Transcrevem-se adiante as fundamentações legais das decorrências da nomeação expressas nos artigos do CPC pertinentes a cada etapa do processo.

Decorrem da nomeação do perito situações especiais que se tornam conhecidas no fluxo do processo, tais como: (a) intimações; (b) condições para exercer o encargo; (c) escusa a pedido do perito; (d) fixação de prazo para entrega do laudo e do parecer, indicação de assistentes e elaboração de quesitos ordinários; (e) recusa do perito pelas partes; (f) a substituição do perito. Ditas condições estão enunciadas, segundo ordenamento alfabético, com letras maiúsculas (**G** até **L**) a seguir:

G) Intimação (art. 269)

"Art. 269. Intimação é o ato pelo qual se dá ciência a alguém dos atos e dos termos do processo."

H) Condições para exercer o encargo:

1ª) não haver impedimento ou suspeição (art. 148);

2ª) habilitação legal (art. 156);

3ª) dever de ofício (art. 157).

"Art. 148. Aplicam-se os motivos de impedimento e de suspeição: I – ao membro do Ministério Público; II – aos **auxiliares da justiça** [grifamos]; III – aos demais sujeitos imparciais do processo. § 1º A parte interessada deverá arguir o impedimento ou a suspeição, em petição fundamentada e devidamente instruída, na primeira oportunidade em que lhe couber falar nos autos. § 2º O juiz mandará processar o incidente em separado e sem suspensão do processo, ouvindo o arguido no prazo de 15 (quinze) dias e facultando a produção de prova, quando necessária. § 3º Nos tribunais, a arguição a que se refere o § 1º será disciplinada pelo regimento interno. § 4º O disposto nos §§ 1º e 2º não se aplica à arguição de impedimento ou de suspeição de testemunha."

"Art. 156. O juiz será assistido por **perito** quando a prova do fato depender de conhecimento técnico ou científico. § 1º Os **peritos serão nomeados entre os profissionais legalmente habilitados** [grifamos] e os órgãos técnicos ou científicos devidamente inscritos em cadastro mantido pelo tribunal ao qual o juiz está vinculado. § 2º Para formação do cadastro, os tribunais devem realizar consulta pública, por meio de divulgação na rede mundial de computadores ou em jornais de grande circulação, além de consulta direta a universidades, a conselhos de classe, ao Ministério Público, à Defensoria Pública e à Ordem dos Advogados do Brasil, para a indicação de profissionais ou de órgãos técnicos interessados. § 3º Os tribunais realizarão avaliações e reavaliações periódicas para manutenção do cadastro, considerando a formação profissional, a atualização do conhecimento e a experiência dos peritos interessados. § 4º Para verificação de eventual impedimento ou motivo de suspeição, nos termos dos arts. 148 e 467, o órgão técnico ou científico nomeado para realização da perícia informará ao juiz os nomes e os dados de qualificação dos profissionais que participarão da atividade. § 5º Na localidade onde não houver inscrito no cadastro disponibilizado pelo tribunal, a nomeação do perito é de livre escolha pelo juiz e deverá recair sobre profissional ou órgão técnico ou científico comprovadamente detentor do conhecimento necessário à realização da perícia."

I) Escusa a pedido do perito (art. 157, § 1º); lista de peritos na vara ou secretaria (art. 157, § 2º)

"Art. 157. O **perito** tem o dever de **cumprir o ofício no prazo** que lhe designar o juiz, empregando toda sua diligência, **podendo escusar-se do encargo** alegando motivo legítimo. § 1º A **escusa será apresentada no prazo de 15 (quinze) dias, contado da intimação, da suspeição ou do impedimento supervenientes, sob pena de renúncia ao direito a alegá-la.** § 2º Será organizada **lista de peritos na vara ou na secretaria, com disponibilização dos documentos exigidos para habilitação à consulta de interessados, para que a nomeação seja distribuída de modo equitativo,** observadas a capacidade técnica e a área de conhecimento" [grifamos].

J) Prazos (art. 465):

– para entrega do laudo e do parecer;

– indicações de assistentes;

– elaboração de quesitos.

"Art. 465. O juiz nomeará perito especializado no objeto da perícia e fixará de imediato o prazo para a entrega do laudo. § 1º Incumbe às partes, dentro de 15 (quinze) dias contados da intimação do despacho de nomeação do perito: I – arguir o impedimento ou a suspeição do perito, se for o caso; II – indicar assistente técnico; III – apresentar quesitos. § 2º Ciente da nomeação, o perito apresentará em 5 (cinco) dias: I – proposta de honorários; II – currículo, com comprovação de especialização; III – contatos profissionais, em especial o endereço eletrônico, para onde serão dirigidas as intimações pessoais. § 3º As partes serão intimadas da proposta de honorários para, querendo, manifestar-se no prazo comum de 5 (cinco) dias, após o que o juiz arbitrará o valor, intimando-se as partes para os fins do art. 95. § 4º O juiz poderá autorizar o pagamento de até cinquenta por cento dos honorários arbitrados a favor do perito no início dos trabalhos, devendo o remanescente ser pago apenas ao final, depois de entregue o laudo e prestados todos os esclarecimentos necessários. § 5º Quando a perícia for inconclusiva ou deficiente, o juiz poderá reduzir a remuneração inicialmente arbitrada para o trabalho. § 6º Quando tiver de realizar-se por carta, poder-se-á proceder à nomeação de perito e à indicação de assistentes técnicos no juízo ao qual se requisitar a perícia."

K) Dever de cumprimento do encargo (art. 466); dever de assegurar acesso aos assistentes (art. 466, § 2º)

"Art. 466. O perito **cumprirá escrupulosamente o encargo que lhe foi cometido**, independentemente de termo de compromisso. § 1º Os assistentes técnicos são de confiança da parte e não estão sujeitos a impedimento ou suspeição. § 2º O **perito deve assegurar aos assistentes das partes o acesso e o acompanhamento das diligências e dos exames que realizar, com prévia comunicação, comprovada nos autos, com antecedência mínima de 5 (cinco) dias**" [grifamos].

L) Recusa do perito pelas partes (art. 467)

"Art. 467. O perito pode escusar-se ou ser recusado por impedimento ou suspeição. Parágrafo único. O juiz, ao aceitar a escusa ou ao julgar procedente a impugnação, nomeará novo perito."

M) Substituição do perito (art. 468)

"Art. 468. O **perito pode ser substituído quando: I – faltar-lhe conheci-mento técnico ou científico; II – sem motivo legítimo, deixar de cumprir o encargo no prazo que lhe foi assinado** [grifamos]. § 1º No caso previsto no inciso II, o juiz comunicará a ocorrência à corporação profissional respectiva, podendo, ainda, impor multa ao perito, fixada tendo em vista o valor da causa e o possível prejuízo decorrente do atraso no processo. § 2º O perito substituído restituirá, no prazo de 15 (quinze) dias, os valores recebidos pelo trabalho não realizado, sob pena de ficar impedido de atuar como perito judicial pelo prazo de 5 (cinco) anos. § 3º Não ocorrendo a restituição voluntária de que trata o § 2º, a parte que tiver realizado o adiantamento dos honorários poderá promover execução contra o perito, na forma dos arts. 513 e seguintes deste Código, com fundamento na decisão que determinar a devolução do numerário."

Questões para revisão

1. Quando será nomeado o perito?

2. O perito poderá ser nomeado no juízo deprecado?

3. Quando o juiz nomeará contador para apurar haveres e avaliar bens do espólio?

4. A quem incumbe a indicação dos assistentes técnicos?

5. Qual será o procedimento do juiz nos casos de recusa ou impedimento do perito?

6. Como os peritos saberão dos prazos e quais providências deverão tomar de imediato?

7. Pode o juiz formular quesitos?

8. Qual o prazo para que as partes apresentem quesito e/ou indiquem assistentes técnicos?

9. A quem se aplicam os motivos de impedimento e suspeição?

3.2 Atos de execução do trabalho pericial

Atos de execução compreendem dois conjuntos de práticas distintas e subsequentes, a saber: **obtenção de provas dos fatos e produção da prova pericial.** Ilustram-se ditos atos, para efeito pedagógico, com o Quadro 3.2.

Quadro 3.2 Obtenção de provas dos fatos e produção da prova pericial

OBTENÇÃO DE PROVAS DOS FATOS
- Diligências para a obtenção de provas dos fatos
- Fundamentos para a obtenção de provas dos fatos

PRODUÇÃO DA PROVA PERICIAL
- Laudo, parecer e termo de audiência e os caminhos para a produção da prova pericial
- Fundamentos na produção da prova pericial em forma de laudo, de parecer e de termo de audiência

Atos de execução da perícia contábil são as ações praticadas por **peritos e assistentes técnicos** com o propósito de elucidar as dúvidas levantadas pelo magistrado, árbitros, advogados das partes e representantes do Ministério Público quanto à interpretação de provas existentes nos auto e/ou captura de provas fora dos autos.

Como primeiras providências, tão logo seja intimado, recomenda-se constatar se o caderno processual está editado na forma **física** ou **eletrônica**. Para a leitura na forma física é recomendável fazer carga dos autos; se na forma eletrônica, faz-se acesso ao sistema utilizado pelo Judiciário, por exemplo: "PROJUDI", no qual o perito já deve estar cadastrado, e assim terá permissão para acessar os autos eletrônicos na "MESA DO PERITO". Isso permitirá verificar:

a) **se as partes indicaram assistentes e se apresentaram quesitos**. Recomenda-se ao **perito do juízo**, uma vez intimado, estabelecer contato com os **assistentes técnicos** (peritos das partes), para sentir os seus interesses e envolvimento na questão. Se os **assistentes** tiverem conhecimento do assunto poderão facilitar as diligências, razão pela qual deverão ser procurados no momento oportuno. A NBC TP 01, Item 8, orienta:

> "A indicação ou a contratação de perito-assistente ocorre quando a parte ou a contratante desejar ser assistida por contador, ou comprovar algo que dependa de conhecimento técnico-científico, razão pela qual o profissional só deve aceitar o encargo se reconhecer estar capacitado com conhecimento suficiente, discernimento, com irrestrita independência e liberdade científica para a realização do trabalho."

Os **assistentes técnicos** não podem impor regras ao **perito** e este não pode exigir a participação daqueles. A participação efetiva dos **assistentes técnicos** é, via de regra, definida em contrato com as partes que os indicaram. Entretanto, o perito do juízo, ao desenvolver seu trabalho, deverá propiciar-lhes o livre acompanhamento e também aos advogados das partes, sob pena de dar ensejo à alegação de cerceamento de defesa, situação que, uma vez comprovada, poderá acarretar a nulidade do laudo (CPC, art. 466);

b) **se foi feito o depósito prévio de honorários**. Não havendo sido efetuado dito depósito, na forma **determinada pelo juiz**, o **perito** poderá requerer providências, evitando dificuldades de recebimento dos honorários (modelo de requerimento no *site* do CFC);

c) **se por despacho o juiz definiu data e local para início da produção da prova pericial, e se as partes foram intimadas**. Não havendo despacho com estas informações, o próprio **perito** deverá fazer a **indicação do local e dar ciência às partes** (CPC, art. 474). Isso pode ser feito, preferencialmente, através do "Termo de Diligência" (modelo no *site* do CFC).

Aspectos Históricos, Teóricos, Éticos e Processuais

Conhecidas as especificidades, elabora-se o planejamento do trabalho considerando os fatores relevantes para a execução (na NBC TP 01, Item 30, há uma orientação a essa tarefa). Com base no programa de trabalho é recomendável elaborar o orçamento (modelo no *site* do CFC), que servirá de base para a negociação dos honorários.

3.2.1 Conceitos de "prova pericial" e "diligência pericial"

A obtenção de provas, dos fatos pertinentes ao processo, objetiva responder aos quesitos, que podem ser ordinários (CPC, art. 465, § 1º, III) e/ou suplementares (CPC, art. 469) e fazem-se através de diligências periciais; quanto aos quesitos de esclarecimentos (CPC, art. 361), poderão ser respondidos nas audiências de instrução e/ou antes, por escrito, se assim decidir o juiz.

Inicialmente, para o entendimento, é fundamental conhecer os conceitos de "**prova pericial**" e de "**diligência pericial**".

Prova pericial – está expressa no CPC, art. 464, como: "A prova pericial consiste em exame, vistoria ou avaliação." Para fazer o exame, a vistoria ou avaliação o perito baseia-se em fatos documentados. Os procedimentos, numerados de 16 a 29 na NBC TP 01, expressam e ampliam esse conceito, como: exame, vistoria, indagação, investigação, arbitramento, mensuração, avaliação e certificação:

> "O **exame** é a análise de livros, registros de transações e documentos.
>
> A **vistoria** é a diligência que objetiva a verificação e a constatação de situação, coisa ou fato, de forma circunstancial.
>
> A **indagação** é a busca de informações mediante entrevista com conhecedores do objeto ou de fato relacionado à perícia.
>
> A **investigação** é a pesquisa que busca trazer ao laudo pericial contábil ou parecer técnico-contábil o que está oculto por quaisquer circunstâncias.
>
> O **arbitramento** é a determinação de valores, quantidades ou a solução de controvérsia por critério técnico-científico.
>
> A **mensuração** é o ato de qualificação e quantificação física de coisas, bens, direitos e obrigações.
>
> A **avaliação** é o ato de estabelecer o valor de coisas, bens, direitos, obrigações, despesas e receitas.
>
> A **certificação** é o ato de atestar a informação trazida ao laudo ou ao parecer pelo perito" [grifamos].

Diligência pericial – conhecendo os quesitos, o **perito** e/ou **assistentes técnicos** (se houver) podem iniciar as diligências para obtenção das provas dos fatos. As diligências consistem em todos os meios, lícitos, necessários, para obtenção de provas que possam estar fora dos autos (CPC, art. 473, § 3º), como, por exemplo, acesso aos livros comerciais obrigatórios, facultativos, auxiliares, fiscais e sociais, e dos documentos de arquivos das partes ou de terceiros e documentos de órgãos públicos, oitiva de testemunhas (exceção) e outros.

A obtenção da prova pericial requerida e deferida nem sempre pode ser gerada só com os elementos acostados aos autos; são comuns situações em que informações dos autos são insuficientes. Assim, os **peritos** poderão buscar dados e provas junto às partes, em repartições públicas e outros locais (CPC, art. 473, § 3º). Recomenda-se que solicitações de documentos sejam feitas segundo as orientações emanadas da NBC TP 01, por escrito, através de *Termo de Diligência* (modelo no *site* do CFC), visando orientar quem irá preparar os informes solicitados, estabelecer prazos e comprovar o desempenho do próprio perito judicial. Poderá acontecer de a fonte não apresentar os informes e/ou documentos solicitados no *Termo de Diligência*, inviabilizando a obtenção da prova diligenciada. Nestas condições, deve o **perito** peticionar ao juiz com esclarecimentos.

No período de diligências o **perito** deverá:

a) registrar as datas, horários, locais das diligências, bem como os nomes e cargos das pessoas que o atenderam;

b) documentar, mediante papéis de trabalho, os elementos relevantes que servirão de suporte à conclusão formalizada no laudo e/ou parecer pericial;

c) a oitiva de testemunhas, como já mencionado anteriormente (por cautela), deve ser evitada em razão de jurisprudências com restrições a essa prática por parte do perito, pois há orientação de que a **prova testemunhal só terá valor probante se reproduzida na presença do juiz**.

Para a obtenção ou elucidação de situações especiais, o trabalho pericial pode ser feito com a participação de uma equipe de profissionais (especialistas) e auxiliares; porém, sempre que se recorrer a este recurso, é imprescindível o acompanhamento direto do **perito**, pois a perícia é indelegável. Finalmente, chama-se a atenção para os cuidados de não "ultrapassar os limites da designação" (CPC, art. 473, § 2º).

Como recursos processuais e aprofundamento de conhecimentos próprios, o perito pode recorrer aos conteúdos: *força probante dos documentos, falsidade e a cessação da fé, e produção da prova documental* – expressos no CPC, arts. 405 a 438.

Para a elucidação de situações especiais, o trabalho pericial pode ser feito com a participação de uma equipe de profissionais especialistas e auxiliares; porém, sempre que se recorrer a este recurso, é imprescindível o acompanhamento direto do perito, pois a perícia é indelegável.

A obtenção de provas é apoiada em investigação de fatos cujos documentos não estejam plenamente elucidativos nos autos. É um trabalho de campo feito normalmente fora dos autos e em forma de diligências. Esforço investigativo que pode resultar na elucidação de dúvidas sobre provas acostadas nos autos ou na obtenção de outras cujas declarações dos fatos ainda não estejam nos autos, porém com valor probante.

O campo de ação do **perito** é universalizado junto às pessoas físicas ou jurídicas, em cuja presença ditos fatos podem ter ocorrido, possibilitando a coleta de dados e sua posterior transformação em informações. É uma investigação de cunho científico ou um trabalho técnico. A investigação científica se caracteriza pela coleta de dados, dentro ou fora dos autos, para transformação em informações capazes de contribuir com elucidação de dúvidas. Para o trabalho técnico aplica-se a utilização de métodos pertinentes à área.

3.2.2 Produção da prova pericial

A produção da **prova pericial** pode ser expressa através de *laudo pericial, parecer técnico* e *termo de audiência*.

O laudo e o parecer consubstanciam o trabalho pericial, nos aspectos de exposição e documentação, principalmente no propósito de expressar a opinião do **perito do juízo** ou do(s) **assistente**(s) sobre as questões formuladas nos quesitos. O termo de audiência registra os esclarecimentos pertinentes ao laudo e/ou parecer, arguição das partes e depoimentos de testemunhas.

O *laudo pericial* é elaborado pelo(s) **perito(s) do juízo**. No laudo está a documentação da perícia; nela se documentam os fatos, as operações realizadas e as conclusões devidamente fundamentadas a que chegaram o(s) **perito(s)**, em cumprimento da nomeação.

Os entendimentos expressos no CPC ampliam as exigências habituais das regras processuais anteriores. Vejam-se as novas regras do CPC transcritas neste capítulo, item 3.2.3.

As práticas declinadas no art. 477, § 1º, do CPC expressam providências ambíguas, pois não deixam claro se os advogados e os **assistentes** das partes se manifestam independentemente. Nas práticas aplicadas na vigência da Lei nº 5.869/73 os **assistentes técnicos** emitiam pareceres e, com base nestes (ou não), os advogados podiam pedir esclarecimentos e/ou impugnar o laudo do **perito** no todo ou em parte.

As regras do **Novo CPC** estabelecem condições para o **perito do juízo**, antes da audiência de instrução e julgamento, esclarecer sobre divergências ou dúvidas de qualquer das partes, do juiz ou do órgão do Ministério Público, bem como divergências apresentadas nos pareceres dos assistentes técnicos das partes.

A clareza e a objetividade são condições essenciais na redação do laudo, cuja elaboração deve ser feita de tal forma que as respostas aos quesitos sejam fundamentadas e comentadas, evitando, assim, simples respostas positivas ou negativas (*sim* ou *não*).

A apresentação do laudo pericial é fator de grande importância, pois mesmo que o perito tenha realizado um excelente trabalho de investigação técnica ou científica, se não o apresentar de maneira adequada e com boa estética, isento de erros, de rasuras e de entrelinhas, a receptividade pelo juiz e pelas partes (advogados) pode ser afetada.

Ao responder os quesitos, entende-se que o perito deve reportar-se, primeiro, aos que são formulados pelo juiz, depois aos do autor e finalmente aos do réu. É condição indispensável o formato "quesito/resposta", e existindo mais de um quesito recomenda-se que a sequência deles seja observada na elaboração do laudo pericial; também é fundamental que todos os quesitos sejam respondidos com fundamentação clara e objetiva. Pode haver quesito formulado e dividido em uma sequência de perguntas. Nesta condição, sugere-se que as respostas sejam ordenadas na mesma sequência das perguntas.

O laudo pericial contábil é uma produção de prova escrita e firmada pelo **perito**. Na fase das diligências pode haver compartilhamento das atividades entre o **perito** e os **assistentes**. Mas há que se analisarem aspectos **favoráveis** e **desfavoráveis**. São favoráveis: (a) agilidade na realização de diligências; (b) reflexão conjunta sobre pontos controvertidos; (c) superação das divergências; (d) celeridade dos procedimentos. São desfavoráveis: (a) interpretações divergentes sobre a matéria periciada; (b) diferenças do grau de imparcialidade; (c) possível dificuldade de relacionamento; (d) risco de comprometimento da independência do perito e dos assistentes.

Reitera-se, é salutar que o **perito do juízo** procure estabelecer uma relação de cordialidade com os **assistentes técnicos** para realizar as diligências, exames e levantamentos de dados, mas, ao final, cada um assinará a **prova pericial** de sua lavratura: na justiça cível, o **perito assina** seu laudo e os **assistentes técnicos**, seus pareceres; ou, se na Justiça do Trabalho, seus laudos.

É imprescindível criteriosa revisão do laudo para evitar omissão de alguma informação ou erros comuns de digitação. Concluída a revisão do texto, deve ser impresso com páginas numeradas, ser rubricado em suas folhas e assinado na última sobre a identificação do **perito**. Para então ser protocolado, conforme seja o processo, no **sistema eletrônico** ou no **estado físico**.

É recomendável que o laudo pericial seja apresentado em papel tamanho ofício, sem timbre, editado em computador, com observação de margens convencionais para arquivamento, em uma estrutura que atenda pelo menos ao seguinte conjunto de informações:

1. identificação – autos, comarca, vara, nomes das partes, do perito e dos assistentes;

2. síntese dos autos – sumário dos autos, no conteúdo relacionado com o objetivo da perícia;

3. objetivo da perícia – extraído do despacho de nomeação (se na fase instrutória) ou da sentença (se na fase de execução);

4. diretrizes – fundamentos regulamentares do trabalho pericial (CPC, CPP, LPT, NBC, Leis diretamente relacionadas com o objeto em litígio);

5. diligências – práticas periciais utilizadas na obtenção de provas;

6. quesitos/respostas – transcrição de cada quesito como está nos autos, seguido da resposta fundamentada em linguagem simples e com coerência lógica, indicando (métodos e práticas) como alcançou suas conclusões;

7. encerramento – síntese conclusiva, informar comunicações com os assistentes, número de folhas e anexos, local e data, assinatura; listagem dos apêndices e anexos – em folha após o termo de encerramento. "**Apêndices** são documentos elaborados pelo perito contábil; e **Anexos** são documentos entregues a estes pelas partes e por terceiros, com o intuito de complementar a argumentação ou elementos de prova" [grifamos] – NBC TP 01, Item 61.

A estrutura indicada pode ser ampliada ou reduzida ajustando-se as exigências da lei e de cada caso em particular.

A *entrega* do laudo faz-se através de petição endereçada ao juiz e com a identificação dos autos, no prazo legal (CPC, art. 465) ou observada a prorrogação estipulada pelo juiz. Tratando-se de **processo eletrônico**, no ambiente eletrônico do sistema ao qual está jurisdicionado o processo; tratando-se de **processo físico**, em cartório ou secretaria que serve ao juízo no qual o perito foi nomeado.

Por medida de cautela, o **perito do juízo** deve evitar que apenas uma das partes ou o seu **assistente técnico** assine seu laudo, porque a outra parte poderá alegar que houve conluio entre o perito e a parte contratante do assistente que assinou, se a conclusão lhe for desfavorável.

O **parecer pericial** (art. 477, parágrafo único, do CPC) pode ser mais abrangente que o laudo pericial, pois tem como objetivo responder aos quesitos e, **se necessário, contrapor opinião** a respeito das respostas do **perito** no laudo. No entanto, o prazo para apresentação do parecer é mais longo (15 dias, a contar do recebimento da intimação da entrega do laudo). "Art. 477. O perito protocolará o laudo em juízo, no prazo fixado pelo juiz, pelo menos 20 (vinte) dias antes da audiência de instrução e julgamento. § 1º As partes serão intimadas para, querendo, manifestar-se sobre o laudo do perito do juízo no prazo comum de 15 (quinze) dias, podendo o assistente técnico de cada uma das partes, em igual prazo, apresentar seu respectivo parecer."

Os assistentes técnicos oferecerão *pareceres periciais*, elaborados com exigências idênticas àquelas para o laudo. Acrescente-se que o parecer pericial deve, além de responder aos quesitos, identificar respostas inadequadas no laudo.

Na justiça do trabalho, faz-se exceção, na qual o **assistente técnico** apresenta *laudo (e não parecer)* e o prazo é o mesmo que para o **perito** (Lei nº 5.584/70, art. 3º, parágrafo único).

A regra processual (CPC, art. 466, § 2º) expressa como obrigação do perito "assegurar aos assistentes das partes o acesso e o acompanhamento das diligências e dos exames que realizar, com prévia comunicação, comprovada nos autos, com antecedência mínima de 5 (cinco) dias". Para fazer a comunicação prévia, orienta-se a expedição de "Termo de Diligência", de cujo recebimento seja exigida a contraprova.

O **parecer pericial contábil**, da mesma forma que o laudo pericial contábil, deve ser estruturado preferentemente, segundo a lei processual e a NBC TP 01, sem deixar de atender às exigências de cada caso. O **assistente técnico** deve manifestar sua posição através de sua própria autoria, em **parecer**; considere-se que, do momento em que tomar conhecimento do teor do laudo do **perito do juízo** até transcorrer o prazo para sua manifestação, poderão surgir divergências, que podem ser apontadas. Ressalta-se que na Justiça do Trabalho o assistente apresenta **laudo**.

Não se confunda *termo de audiência* com **laudo** ou com **parecer**, este é documento produzido nas audiências. É na audiência de instrução que o **perito** e/ou os **assistentes** respondem aos quesitos de esclarecimento (CPC, art. 361, I). O **perito** e os **assistentes** estarão obrigados a prestar os esclarecimentos requeridos pelas partes quando intimados 10 (dez) dias antes da audiência (CPC, art. 477, §§ 3º e 4º). Nada impede que, em ambos os casos, **perito** e **assistentes técnicos** levem sua manifestação por escrito, a qual poderá até ser juntada aos autos.

Como regra restringe-se ao *perito do juízo, perito indicado por consenso* e *assistente técnico* emitir laudo e/ou parecer quando elaborado por leigo ou profissional de outra área. Vejamos a combinação das regras: CPC, art. 471: "[...] § 2º O perito e os assistentes técnicos devem entregar, respectivamente, laudo e pareceres em prazo fixado pelo juiz." Observe-se o que a NBC TP 01 orienta nos subitens 66 e 67:

"66 – Quando se tratar de laudo pericial contábil, assinado em conjunto pelos peritos, há responsabilidade solidária sobre o referido documento."

"67 – Considera-se leigo ou profissional não habilitado para a elaboração de laudo e parecer contábeis qualquer profissional que não seja contador habilitado perante o Conselho Regional de Contabilidade."

As Normas Brasileiras de Contabilidade (NBC TP 01 e NBC PP 01) estão disponíveis na página eletrônica do CFC.

3.2.3 Fundamentos da produção da prova pericial

A Figura 3.2 é um caminho de acesso aos fundamentos processuais transcritos neste subitem. As sínteses das informações escritas na figura estão ordenadas com letras maiúsculas (**A** até **G**). Da mesma forma, as transcrições destes fundamentos estão ordenadas na ordem crescente em seguida.

Atos de execução na obtenção de provas dos fatos	
PROVIDÊNCIAS PÓS-INTIMAÇÃO	**CONDIÇÕES DOS DOCUMENTOS**
A) Contexto normativo da NBC (NBC TP 01).	F) Força ou valor probante dos
B) Prova pericial (CPC, art. 464): exame;	documentos (arts. 405 a 429).
– vistoria ou avaliação.	G) Produção da prova documental
C) Quesitos:	(arts. 434 a 438).
– ordinários (art. 465, III);	
– suplementares (art. 469);	
– de esclarecimento (art. 477).	
D) Meios para obtenção de prova (art. 473, III).	
E) Exames especiais (art. 429):	
– autenticidade;	
– falsidade;	
– natureza médico-legal.	

Fonte: Magalhães e Lunkes. *Perícia contábil nos processos cível e trabalhista*. São Paulo: Atlas, p. 50 (ajustada ao novo CPC).

Figura 3.2   Chave de fundamentação dos atos de execução na obtenção de provas dos fatos.

Transcrevem-se adiante as fundamentações legais dos atos de execução do trabalho pericial: **obtenção de provas dos fatos; da força probante dos documentos; da falsidade e cessação da fé**; e **da produção da prova documental,** expressos nos artigos do CPC e da LPT, e da NBC TP 01, pertinentes a cada um dos enunciados.

- ***PROVIDÊNCIAS PÓS-INTIMAÇÃO DA NOMEAÇÃO***

A) CONTEXTO NORMATIVO DA NBC

A NBC TP 01 dispõe sobre os PROCEDIMENTOS numerados de 16 a 29, que expressam e ampliam o conceito de "Prova Pericial" para: *exame, vistoria, indagação, investigação, arbitramento, mensuração, avaliação* e *certificação,* do seguinte modo:

> "O **exame** é a análise de livros, registros de transações e documentos.
>
> A **vistoria** é a diligência que objetiva a verificação e a constatação de situação, coisa ou fato, de forma circunstancial.
>
> A **indagação** é a busca de informações mediante entrevista com conhecedores do objeto ou de fato relacionado à perícia.
>
> A **investigação** é a pesquisa que busca trazer ao laudo pericial contábil ou parecer técnico-contábil o que está oculto por quaisquer circunstâncias.
>
> O **arbitramento** é a determinação de valores, quantidades ou a solução de controvérsia por critério técnico-científico.
>
> A **mensuração** é o ato de qualificação e quantificação física de coisas, bens, direitos e obrigações.
>
> A **avaliação** é o ato de estabelecer o valor de coisas, bens, direitos, obrigações, despesas e receitas.
>
> A **certificação** é o ato de atestar a informação trazida ao laudo ou ao parecer pelo perito" [grifamos].

B) PROVA PERICIAL

> "Art. 464. **A prova pericial consiste em exame, vistoria ou avaliação**. [...] § 3º A prova técnica simplificada consistirá apenas na inquirição de especialista, pelo juiz, sobre ponto controvertido da causa que demande especial conhecimento científico ou técnico. § 4º Durante a arguição, o especialista, que deverá ter formação acadêmica específica na área objeto de seu depoimento, poderá valer-se de qualquer recurso tecnológico de transmissão de sons e imagens com o fim de esclarecer os pontos controvertidos da causa" [grifamos].

> "Art. 469. **As partes poderão apresentar quesitos suplementares durante a diligência, que poderão ser respondidos pelo perito previamente ou na audiência de instrução e julgamento**. Parágrafo único. O escrivão dará à parte contrária ciência da juntada dos quesitos aos autos" [grifamos].

"Art. 473. O laudo pericial deverá conter: I – a exposição do objeto da perícia; II – a análise técnica ou científica realizada pelo perito; III – a indicação do método utilizado, esclarecendo-o e demonstrando ser predominantemente aceito pelos especialistas da área do conhecimento da qual se originou; IV – resposta conclusiva a todos os quesitos apresentados pelo juiz, pelas partes e pelo órgão do Ministério Público. § 1º No laudo, o perito deve apresentar sua fundamentação em linguagem simples e com coerência lógica, indicando como alcançou suas conclusões. § 2º **É vedado ao perito ultrapassar os limites de sua designação, bem como emitir opiniões pessoais que excedam o exame técnico ou científico do objeto da perícia.** § 3º Para o desempenho de sua função, o perito e os assistentes técnicos podem valer-se de todos os meios necessários, ouvindo testemunhas, obtendo informações, solicitando documentos que estejam em poder da parte, de terceiros ou em repartições públicas, bem como instruir o laudo com planilhas, mapas, plantas, desenhos, fotografias ou outros elementos necessários ao esclarecimento do objeto da perícia" [grifamos].

"Art. 474. **As partes terão ciência da data e do local designados pelo juiz ou indicados pelo perito para ter início a produção da prova**" [grifamos].

Lei Processual Trabalhista (LPT) nº 5.584/70:

"Art. 3º **Os exames periciais serão realizados por perito único designado pelo Juiz, que fixará o prazo para entrega do laudo. Parágrafo único. Permitir-se-á a cada parte a indicação de um assistente, cujo laudo terá que ser apresentado no mesmo prazo assinado para o perito, sob pena de ser desentranhado dos autos**" [grifamos].

C) QUESITOS ORDINÁRIOS, SUPLEMENTARES E DE ESCLARECIMENTOS

"Art. 361. As provas orais serão produzidas em audiência, ouvindo-se nesta ordem, preferencialmente: I – **o perito e os assistentes técnicos, que responderão aos quesitos de esclarecimentos requeridos no prazo e na forma do art. 477, caso não respondidos anteriormente por escrito;** II – o autor e, em seguida, o réu, que prestarão depoimentos pessoais; III – as testemunhas arroladas pelo autor e pelo réu, que serão inquiridas. Parágrafo único. Enquanto depuserem o perito, os assistentes técnicos, as partes e as testemunhas, não poderão os advogados e o Ministério Público intervir ou apartear, sem licença do juiz" [grifamos].

"Art. 465. O juiz nomeará perito especializado no objeto da perícia e fixará de imediato o prazo para a entrega do laudo. § 1º Incumbe às partes, dentro de 15 (quinze) dias contados da intimação do despacho de nomeação do perito: I – arguir o impedimento ou a suspeição do perito, se for o caso; II – indicar assistente técnico; **III – apresentar quesitos**. § 2º Ciente da nomeação, o perito apresentará em 5 (cinco) dias: I – proposta de honorários; II – currículo, com comprovação de especialização; III – contatos profissionais, em especial o endereço eletrônico, para onde serão dirigidas as intimações pessoais. § 3º As partes serão intimadas da proposta de honorários para, querendo, manifestar-se no prazo comum de 5 (cinco) dias, após o que o juiz arbitrará o valor, intimando-se as partes para os fins do art. 95. § 4º O juiz poderá autorizar o pagamento de até cinquenta por cento dos honorários arbitrados a favor do perito no início dos trabalhos, devendo o remanescente ser pago apenas ao final, depois de entregue o laudo e prestados todos os esclarecimentos necessários. § 5º Quando a perícia for inconclusiva ou deficiente, o juiz poderá reduzir a remuneração inicialmente arbitrada para o trabalho. § 6º Quando tiver de realizar-se por carta, poder-se-á proceder à nomeação de perito e à indicação de assistentes técnicos no juízo ao qual se requisitar a perícia" [grifamos].

"Art. 469. **As partes poderão apresentar quesitos suplementares durante a diligência, que poderão ser respondidos pelo perito previamente ou na audiência de instrução e julgamento**. Parágrafo único. O escrivão dará à parte contrária ciência da juntada dos quesitos aos autos" [grifamos].

"Art. 470. Incumbe ao juiz: I – indeferir quesitos impertinentes; II – formular os quesitos que entender necessários ao esclarecimento da causa."

D) MEIOS PARA OBTENÇÃO DE PROVAS

"Art. 473. O laudo pericial deverá conter: I – a exposição do objeto da perícia; II – a análise técnica ou científica realizada pelo perito; III – a indicação do método utilizado, esclarecendo-o e demonstrando ser predominantemente aceito pelos especialistas da área do conhecimento da qual se originou; IV – resposta conclusiva a todos os quesitos apresentados pelo juiz, pelas partes e pelo órgão do Ministério Público. § 1º No laudo, o perito deve apresentar sua fundamentação em linguagem simples e com coerência lógica, indicando como alcançou suas conclusões. § 2º É vedado ao perito ultrapassar os limites de sua designação, bem como emitir opiniões pessoais que excedam o exame técnico ou científico do objeto da perícia. § 3º **Para o desempenho de sua função, o perito e os assistentes técnicos podem valer-se de todos os meios necessários, ouvindo testemunhas, obtendo informações, solicitando documentos que estejam em poder da parte,** de terceiros ou em repartições públicas, bem como instruir o laudo com planilhas, mapas, plantas, desenhos, fotografias ou outros elementos necessários ao esclarecimento do objeto da perícia" [grifamos].

- **CONDIÇÕES DOS DOCUMENTOS**

E) FORÇA OU VALOR PROBANTE DOS DOCUMENTOS (arts. 405 a 429)

a) DOCUMENTO PÚBLICO

"Art. 405. O documento público faz prova não só da sua formação, mas também dos fatos que o escrivão, o chefe de secretaria, o tabelião ou o servidor declarar que ocorreram em sua presença."

b) INSTRUMENTO PÚBLICO

"Art. 406. Quando a lei exigir instrumento público como da substância do ato, nenhuma outra prova, por mais especial que seja, pode suprir-lhe a falta."

c) CONVERSÃO DO DOCUMENTO PÚBLICO EM PARTICULAR

"Art. 407. O documento feito por oficial público incompetente ou sem a observância das formalidades legais, sendo subscrito pelas partes, tem a mesma eficácia probatória do documento particular."

d) EFICÁCIA PROBATÓRIA DO DOCUMENTO PARTICULAR, AUTENTICIDADE DA ASSINATURA E VERACIDADE DO CONTEXTO

"Art. 408. As declarações constantes do documento particular escrito e assinado ou somente assinado presumem-se verdadeiras em relação ao signatário. Parágrafo único. Quando, todavia, contiver declaração de ciência de determinado fato, o documento particular prova a ciência, mas não o fato em si, incumbindo o ônus de prová-lo ao interessado em sua veracidade."

e) DATA DO DOCUMENTO PARTICULAR

"Art. 409. A data do documento particular, quando a seu respeito surgir dúvida ou impugnação entre os litigantes, provar-se-á por todos os meios de direito. Parágrafo único. Em relação a terceiros, considerar-se-á datado o documento particular: I – no dia em que foi registrado; II – desde a morte de algum dos signatários; III – a partir da impossibilidade física que sobreveio a qualquer dos signatários; IV – da sua apresentação em repartição pública ou em juízo; V – do ato ou do fato que estabeleça, de modo certo, a anterioridade da formação do documento."

f) AUTORIA DO DOCUMENTO PARTICULAR

"Art. 410. Considera-se autor do documento particular: I – aquele que o fez e o assinou; II – aquele por conta de quem ele foi feito, estando assinado; III – aquele que, mandando compô-lo, não o firmou porque, conforme a experiência comum, não se costuma assinar, como livros empresariais e assentos domésticos."

g) RECONHECIMENTO DE FIRMA / AUTENTICAÇÃO

"Art. 411. Considera-se autêntico o documento quando: I – o tabelião reconhecer a firma do signatário; II – a autoria estiver identificada por qualquer outro meio legal de certificação, inclusive eletrônico, nos termos da lei; III – não houver impugnação da parte contra quem foi produzido o documento."

h) AUTENTICIDADE INDUVIDOSA DO DOCUMENTO PARTICULAR E INDIVISIBILIDADE DO DOCUMENTO PARTICULAR

"Art. 412. O documento particular de cuja autenticidade não se duvida prova que o seu autor fez a declaração que lhe é atribuída. Parágrafo único. O documento particular admitido expressa ou tacitamente é indivisível, sendo vedado à parte que pretende utilizar-se dele aceitar os fatos que lhe são favoráveis e recusar os que são contrários ao seu interesse, salvo se provar que estes não ocorreram."

i) FORÇA PROBATÓRIA / TELEGRAMAS E DEMAIS MEIOS DE TRANSMISSÃO

"Art. 413. O telegrama, o radiograma ou qualquer outro meio de transmissão tem a mesma força probatória do documento particular se o original constante da estação expedidora tiver sido assinado pelo remetente. Parágrafo único. A firma do remetente poderá ser reconhecida pelo tabelião, declarando-se essa circunstância no original depositado na estação expedidora."

j) TELEGRAMA E RADIOGRAMA / PRESUNÇÃO

"Art. 414. O telegrama ou o radiograma presume-se conforme o original, provando as datas de sua expedição e de seu recebimento pelo destinatário."

k) CARTAS E REGISTROS DOMÉSTICOS

"Art. 415. As cartas e os registros domésticos provam contra quem os escreveu quando: I – enunciam o recebimento de um crédito; II – contêm anotação que visa a suprir a falta de título em favor de quem é apontado como credor; III – expressam conhecimento de fatos para os quais não se exija determinada prova."

l) ANOTAÇÕES EM DOCUMENTOS REPRESENTATIVOS DE OBRIGAÇÃO

"Art. 416. A nota escrita pelo credor em qualquer parte de documento representativo de obrigação, ainda que não assinada, faz prova em benefício do devedor. Parágrafo único. Aplica-se essa regra tanto para o documento que o credor conservar em seu poder quanto para aquele que se achar em poder do devedor ou de terceiro."

m) LIVROS COMERCIAIS / PROVA CONTRA E A FAVOR DO SEU AUTOR

"Art. 417. Os livros empresariais provam contra seu autor, sendo lícito ao empresário, todavia, demonstrar, por todos os meios permitidos em direito, que os lançamentos não correspondem à verdade dos fatos."

"Art. 418. Os livros empresariais que preencham os requisitos exigidos por lei provam a favor de seu autor no litígio entre empresários."

n) ESCRITURAÇÃO CONTÁBIL / INDIVISIBILIDADE

"Art. 419. A escrituração contábil é indivisível, e, se dos fatos que resultam dos lançamentos, uns são favoráveis ao interesse de seu autor e outros lhe são contrários, ambos serão considerados em conjunto, como unidade."

o) LIVROS E DOCUMENTOS COMERCIAIS / EXIBIÇÃO INTEGRAL

"Art. 420. O juiz pode ordenar, a requerimento da parte, a exibição integral dos livros empresariais e dos documentos do arquivo: I – na liquidação de sociedade; II – na sucessão por morte de sócio; III – quando e como determinar a lei."

p) LIVROS E DOCUMENTOS COMERCIAIS / EXIBIÇÃO PARCIAL

"Art. 421. O juiz pode, de ofício, ordenar à parte a exibição parcial dos livros e dos documentos, extraindo-se deles a suma que interessar ao litígio, bem como reproduções autenticadas."

q) REPRODUÇÃO MECÂNICA / AUTENTICIDADE E EFICÁCIA, REPRODUÇÃO FOTOGRÁFICA OU POR PROCESSO ELETRÔNICO

"Art. 422. Qualquer reprodução mecânica, como a fotográfica, a cinematográfica, a fonográfica ou de outra espécie, tem aptidão para fazer prova dos fatos ou das coisas representadas, se a sua conformidade com o documento original não for impugnada por aquele contra quem foi produzida. § 1º As fotografias digitais e as extraídas da rede mundial de computadores fazem prova das imagens que reproduzem, devendo, se impugnadas, ser apresentada a respectiva autenticação eletrônica ou, não sendo possível, realizada perícia. § 2º Se se tratar de fotografia publicada em jornal ou revista, será exigido um exemplar original do periódico, caso impugnada a veracidade pela outra parte. § 3º Aplica-se o disposto neste artigo à forma impressa de mensagem eletrônica."

r) REPRODUÇÃO FOTOGRÁFICA OU POR PROCESSO DE REPETIÇÃO

"Art. 423. As reproduções dos documentos particulares, fotográficas ou obtidas por outros processos de repetição, valem como certidões sempre que o escrivão ou o chefe de secretaria certificar sua conformidade com o original."

s) CÓPIA DE DOCUMENTO PARTICULAR / CONFERÊNCIA

"Art. 424. A cópia de documento particular tem o mesmo valor probante que o original, cabendo ao escrivão, intimadas as partes, proceder à conferência e certificar a conformidade entre a cópia e o original."

t) EFICÁCIA DAS CERTIDÕES, TRASLADOS, REPRODUÇÕES, CÓPIAS, EXTRATOS

"Art. 425. Fazem a mesma prova que os originais: I – as certidões textuais de qualquer peça dos autos, do protocolo das audiências ou de outro livro a cargo do escrivão ou do chefe de secretaria, se extraídas por ele ou sob sua vigilância e por ele subscritas; II – os traslados e as certidões extraídas por oficial público de instrumentos ou documentos lançados em suas notas; III – as reproduções dos documentos públicos, desde que autenticadas por oficial público ou conferidas em cartório com os respectivos originais; IV – as cópias reprográficas de peças do próprio processo judicial declaradas autênticas pelo advogado, sob sua responsabilidade pessoal, se não lhes for impugnada a autenticidade; V – os extratos digitais de bancos de dados públicos e privados, desde que atestado pelo seu emitente, sob as penas da lei, que as informações conferem com o que consta na origem; VI – as reproduções digitalizadas de qualquer documento público ou particular, quando juntadas aos autos pelos órgãos da justiça e seus auxiliares, pelo Ministério Público e seus auxiliares, pela Defensoria Pública e seus auxiliares, pelas procuradorias, pelas repartições públicas em geral e por advogados, ressalvada a alegação motivada e fundamentada de adulteração. § 1º Os originais dos documentos digitalizados mencionados no inciso VI deverão ser preservados pelo seu detentor até o final do prazo para propositura de ação rescisória. § 2º Tratando-se de cópia digital de título executivo extrajudicial ou de documento relevante à instrução do processo, o juiz poderá determinar seu depósito em cartório ou secretaria."

u) VÍCIOS EXTRÍNSECOS DOS DOCUMENTOS / EXISTÊNCIA DE RESSALVA

"Art. 426. O juiz apreciará fundamentadamente a fé que deva merecer o documento, quando em ponto substancial e sem ressalva contiver entrelinha, emenda, borrão ou cancelamento."

v) FALSIDADE DOCUMENTAL / CESSAÇÃO DE FÉ

"Art. 427. Cessa a fé do documento público ou particular sendo-lhe declarada judicialmente a falsidade. Parágrafo único. A falsidade consiste em: I – formar documento não verdadeiro; II – alterar documento verdadeiro.

Art. 428. Cessa a fé do documento particular quando: I – for impugnada sua autenticidade e enquanto não se comprovar sua veracidade; II – assinado em branco, for impugnado seu conteúdo, por preenchimento abusivo. Parágrafo único. Dar-se-á abuso quando aquele que recebeu documento assinado com texto não escrito no todo ou em parte formá-lo ou completá-lo por si ou por meio de outrem, violando o pacto feito com o signatário.

Art. 429. Incumbe o ônus da prova quando: I – se tratar de falsidade de documento ou de preenchimento abusivo, à parte que a arguir; II – se tratar de impugnação da autenticidade, à parte que produziu o documento."

w) EXAME DE AUTENTICIDADE E/OU FALSIDADE DE DOCUMENTO EXAME MÉDICO-LEGAL

"Art. 478. Quando o exame tiver por objeto a autenticidade ou a falsidade de documento ou for de natureza médico-legal, o perito será escolhido, de preferência, entre os técnicos dos estabelecimentos oficiais especializados, a cujos diretores o juiz autorizará a remessa dos autos, bem como do material sujeito a exame. § 1º Nas hipóteses de gratuidade de justiça, os órgãos e as repartições oficiais deverão cumprir a determinação judicial com preferência, no prazo estabelecido. § 2º A prorrogação do prazo referido no § 1º pode ser requerida motivadamente."

x) AUTENTICIDADE DE LETRA E FIRMA

Art. 478, § 3º "Quando o exame tiver por objeto a autenticidade da letra e da firma, o perito poderá requisitar, para efeito de comparação, documentos existentes em repartições públicas e, na falta destes, poderá requerer ao juiz que a pessoa a quem se atribuir a autoria do documento lance em folha de papel, por cópia ou sob ditado, dizeres diferentes, para fins de comparação."

F) PRODUÇÃO DA PROVA DOCUMENTAL (arts. 434 a 438)

"Art. 434. Incumbe à parte instruir a petição inicial ou a contestação com os documentos destinados a provar suas alegações. Parágrafo único. Quando o documento consistir em reprodução cinematográfica ou fonográfica, a parte deverá trazê-lo nos termos do *caput*, mas sua exposição será realizada em audiência, intimando-se previamente as partes.

Art. 435. É lícito às partes, em qualquer tempo, juntar aos autos documentos novos, quando destinados a fazer prova de fatos ocorridos depois dos articulados ou para contrapô-los aos que foram produzidos nos autos. Parágrafo único. Admite-se também a juntada posterior de documentos formados após a petição inicial ou a contestação, bem como dos que se tornaram conhecidos, acessíveis ou disponíveis após esses atos, cabendo à parte que os produzir comprovar o motivo que a impediu de juntá-los anteriormente e incumbindo ao juiz, em qualquer caso, avaliar a conduta da parte de acordo com o art. 5º.

Art. 436. A parte, intimada a falar sobre documento constante dos autos, poderá: I – impugnar a admissibilidade da prova documental; II – impugnar sua autenticidade; III – suscitar sua falsidade, com ou sem deflagração do incidente de arguição de falsidade; IV – manifestar-se sobre seu conteúdo. Parágrafo único. Nas hipóteses dos incisos II e III, a impugnação deverá basear-se em argumentação específica, não se admitindo alegação genérica de falsidade.

Art. 437. O réu manifestar-se-á na contestação sobre os documentos anexados à inicial, e o autor manifestar-se-á na réplica sobre os documentos anexados à contestação. § 1º Sempre que uma das partes requerer a juntada de documento aos autos, o juiz ouvirá, a seu respeito, a outra parte, que disporá do prazo de 15 (quinze) dias para adotar qualquer das posturas indicadas no art. 436. § 2º Poderá o juiz, a requerimento da parte, dilatar o prazo para manifestação sobre a prova documental produzida, levando em consideração a quantidade e a complexidade da documentação.

Art. 438. O juiz requisitará às repartições públicas, em qualquer tempo ou grau de jurisdição: I – as certidões necessárias à prova das alegações das partes; II – os procedimentos administrativos nas causas em que forem interessados a União, os Estados, o Distrito Federal, os Municípios ou entidades da administração indireta. § 1º Recebidos os autos, o juiz mandará extrair, no prazo máximo e improrrogável de 1 (um) mês, certidões ou reproduções fotográficas das peças que indicar e das que forem indicadas pelas partes, e, em seguida, devolverá os autos à repartição de origem. § 2º As repartições públicas poderão fornecer todos os documentos em meio eletrônico, conforme disposto em lei, certificando, pelo mesmo meio, que se trata de extrato fiel do que consta em seu banco de dados ou no documento digitalizado."

3.3 Situações e procedimentos especiais

O trabalho pericial tem cunho eminentemente pessoal. Por essa razão, diz-se que é indelegável. Contudo, o perito pode obter a colaboração de auxiliares que operem sob sua permanente orientação e supervisão, mantendo-se consciente de tudo o que está sendo feito e como está sendo feito.

A perícia pode, em determinados processos, não terminar no laudo, pois há casos em que o perito participa nas audiências, e aí está a razão principal em saber o que se fez e de que forma foi executado o trabalho. Durante as audiências, o perito será arguido pelo juiz, sendo vetadas as partes (advogados) de interrogá-lo; porém, se desejarem esclarecimentos, poderão pedi-los, por meio do juiz.

A independência profissional – o perito deve manter-se independente tanto do ponto de vista técnico como legal e moral. Além da necessidade de ser especializado no trabalho a ser executado e da habilitação legal, o perito deve observar as demais condições estabelecidas pelas leis e pelas normas técnicas e científicas; é também essencial uma conduta respeitável e ilibada para manter-se independente. Em momento algum o perito deve permitir a interferência de terceiros ou das partes (advogados) no trabalho pericial, a qual lhe afetará a qualidade e a independência.

Conhecimento relacionado – a Perícia Contábil exige do contador, além de profundo conhecimento contábil, o conhecimento relacionado com a atividade pericial, como, por exemplo, ter noções consistentes de Direito Comercial, Civil, Trabalhista, Tributário e Processual. É também desejável que o perito tenha conhecimento da organização do Sistema Judiciário e noções de seu funcionamento.

Função ou profissão – a Perícia Judicial é uma função que se executa mediante a nomeação pelo juiz. A perícia não se caracteriza como profissão, pois não tem caráter permanente. A cada processo em que é necessário exercício pericial faz-se nomeação. Por isso é que recomendamos ao perito ter consistentes cuidados sobre essa distinção entre uma função e uma profissão. O contador que desejar dedicar-se à perícia deve estar atento para as situações conjunturais e lembrar que de toda atividade é esperada uma contribuição ao desenvolvimento da sociedade, pois o trabalho é um meio e um fim na conjuntura social, econômica e política das nações.

3.4 Sugestões de leituras

Importantes bases para o trabalho pericial são as leituras objetivas e atualizadas, que deem ao perito as bases que o levarão a um trabalho de boa qualidade. Isso no Brasil não é fácil, pois as fontes bibliográficas nem sempre são atualizadas. Para auxiliar no atendimento dessas necessidades, sugerimos o acesso às páginas eletrônicas, via Internet, com atualizações das leis.

É recomendável a todo perito, quando nomeado, fazer a leitura completa de outro processo de natureza similar, pois, como a função pericial não é permanente, esse tipo de leitura poderá ser muito útil como auxílio à atualização do profissional.

O livro-base do perito contábil, entretanto, é o Código de Processo Civil, razão pela qual este é apresentado a seguir, no item 3.5. O propósito dessa apresentação é uma exploração pedagógica, para fazer com que os estudiosos da Perícia Contábil se familiarizem com seu conteúdo.

3.5 A Perícia Contábil e o CPC

Pedagogicamente, duas situações precisam ser elucidadas para que o estudioso ou profissional de Perícia Contábil conduza sua investigação. É aconselhável, em primeiro lugar, delimitar o campo de conhecimento geral que envolve essa temática. Feito isto, levantar dúvidas ou questões sobre os conteúdos do conhecimento específico que precisa ser dominado.

No universo desse estudo, estão sobrepostos o *campo de conhecimento geral*, que está circunscrito nos conteúdos do CPC, e o *campo de conhecimento específico*, que compreende toda a problemática emanada do início dos atos preparatórios até o término dos atos de execução do trabalho pericial. Assim, dois subtemas são apresentados a seguir.

3.5.1 O Perito não deve ter dúvidas

As dúvidas surgem à medida que o estudioso desse assunto se insere no **campo de conhecimento geral**. As dúvidas aumentam à medida que se aprofunda no **campo de conhecimento específico**. Se você quer ser um Perito Contábil, é muito simples. Para começar, tente responder o questionário seguinte.

Questionário

1. Quando será nomeado o perito?

2. O perito poderá ser nomeado no juízo deprecado? E os assistentes técnicos poderão ser indicados nele?

3. Quando o juiz nomeará contador para apurar haveres?

4. A quem incumbe a indicação dos assistentes técnicos?

5. Qual o dever do perito ao ser intimado da nomeação? Quando pode o perito escusar-se?

6. Qual será o procedimento do juiz nos casos de recusa ou impedimento do perito?

7. Qual deve ser o procedimento do perito quando não concluir a perícia no prazo?

8. Quando será substituído o perito? E qual a punição cabível no caso de não cumprir o encargo no prazo que lhe foi estabelecido?

9. Como os peritos saberão dos prazos?

10. Quando e como poderá ser sancionado o perito?

11. Quem pagará os honorários do perito e/ou assistente técnico?

12. Quais as condições em que o juiz ordenará o exame pericial na reprodução mecânica?

13. Quando poderá ser antecipada a perícia?

14. Pode o juiz formular quesitos? Quando?

15. Qual o prazo para que as partes apresentem quesitos e/ou indiquem assistente técnico?

16. No caso de juntada de novos quesitos, como deve proceder o escrivão em relação às partes?

17. Quem fixará os prazos para entrega do laudo?

18. Em que consiste a prova pericial?

19. Poderá o perito ouvir testemunhas ou requisitar documentos?

20. O que o juiz mandará transladar na carta de ordem rogatória ou precatória?

21. Quando se tratar do documento em carta de ordem rogatória ou precatória, o que será remetido?

22. Nas audiências de instrução e julgamento, qual o prazo para a apresentação do laudo e dos pareceres?

23. Quem apresentará laudo e quem apresentará parecer?

24. O laudo pericial pode constituir produção de prova antecipada? Em que casos?

25. Poderá o juiz dispensar o laudo pericial e a perícia consistir somente em arguição?

26. O que poderá o réu impugnar e qual o papel do perito na impugnação?

27. Na autenticidade da letra e firma, quais os procedimentos alternativos?

28. Como devem proceder as partes para pedir esclarecimentos ao perito e/ou ao assistente técnico?

29. Quando poderá o juiz designar nova perícia?

30. Podem os advogados intervir, apartear ou contestar o perito e/ou o assistente técnico durante seus depoimentos? Em que situações?

31. Como serão produzidas as provas na audiência?

32. Os créditos originários de serviços prestados à justiça constituem títulos? De que tipo?

33. Pode o perito efetuar avaliações?

34. O que deverá constar do laudo de avaliação?

35. Como se atribuirão valores aos títulos mobiliários?

36. Quais as regras aplicáveis pelo perito na avaliação?

37. Qual o papel do perito na apreensão da coisa vendida?

38. A quem se aplicam os motivos de impedimento e suspeição?

39. Quando e como a parte interessada deverá arguir o impedimento ou suspeição do perito?

40. Os prazos para assistentes técnicos serão os mesmos para o perito ou serão diferentes?

41. Em que situação o perito será escolhido, de preferência, entre técnicos de estabelecimentos oficiais?

42. Como se rege a segunda perícia?

43. A segunda perícia substitui a primeira?

44. O que se entende por força ou valor probante dos documentos?

45. Além dos originais, como se faz a eficácia das provas?

46. Quando um documento público tem a mesma eficácia probatória de um documento particular?

47. O que caracteriza a eficácia probatória do documento particular?

48. Quando se reputa autêntico um documento?

49. Na dúvida e/ou impugnação, como se determina a data de um documento particular?

50. Como se caracteriza o autor do documento particular?

51. A quem compete admitir a autenticidade da assinatura e a veracidade do documento particular?

52. O documento particular é divisível?

53. Documento gerado por transmissão (telegrama, radiograma, fax etc.) tem força probante?

54. Cartas e/ou registros domésticos têm valor probante?

55. Anotações em títulos ou documentos representativos de obrigações têm força probante?

56. Os livros de um comerciante podem ser utilizados como prova contra ele próprio?

57. Os livros de um comerciante podem ser utilizados como prova a favor dele próprio?

58. A escrituração contábil é indivisível?

59. Em que situações o juiz pode ordenar ao comerciante exibir seus livros e documentos?

60. Sumas e/ou reproduções podem ser extraídas dos livros comerciais?

61. Quando as reproduções fotográficas ou por processo repetitivo valem como prova?

62. A cópia de documento particular tem valor probante?

63. Em que consiste a falsidade de documento?

64. Quando cessa a fé do documento particular?

65. A quem cabe o ônus da prova na falsidade de documento?

Responder a essas perguntas não basta. Responda-as, fundamente-as e comente-as. Além disso, seja um profundo conhecedor de assuntos contábeis, e procure manter-se atualizado com o processo de desenvolvimento econômico-social e com as áreas de conhecimentos relacionados às atividades pericial e contábil.

3.5.2 O conhecimento específico não está sistematizado no CPC

No subtema anterior, levantamos dúvidas. Antes de respondê-las, é preciso conhecer algumas regras processuais civis, e depois, somente depois, é que iremos oferecer-lhe um caminho por meio do qual o leitor (você) chegará às respostas que desejar, em cada momento ou oportunidade.

Com o auxílio da mídia eletrônica, hoje, praticamente implantada via Internet nos órgãos do Judiciário, o perito tem acesso aos desenhos do sistema e às informações que orientam e agilizam sua atividade. Este instrumental pode ser acessado através do *site* <www.planalto.gov.br/legislação>, para confirmar a vigência de fundamentos constitucionais, processuais e legais, e dos ambientes eletrônicos próprios de cada órgão do Judiciário. Assim, recomenda-se que ao utilizar os conteúdos deste livro para fundamentação se verifique a vigência do dispositivo em questão, através da página aqui indicada.

Por isso, apresentamos, nos **itens 3.1.3 e 3.2.3, que tratam de fundamentação**, cada um dos principais assuntos inerentes à **perícia**, expressos no **Novo CPC** (**Lei nº 13.105/2015**), vigente desde 18 de março de 2016.

3.6 Perícia Extrajudicial

Nas Perícias Extrajudiciais o(s) perito(s), para alcance dos **objetivos**, poderá(ão) empregar as formas de diligências utilizadas em Perícias Judiciais (apresentadas anteriormente neste capítulo). Registre-se que há, por vezes, necessidade de levantamentos físicos e consultas a outros profissionais, por exemplo: *em casos de avaliações de imóveis, máquinas, veículos, equipamentos* etc. Especialmente, nos casos em que ditos bens são oferecidos para integralização de capital.

Na integralização de capital com bens, em sociedades anônimas, as perícias são obrigatórias por força da legislação societária, particularmente da Lei nº 6.404/76.

Em qualquer condição, uma visão do conjunto deve predominar sobre a matéria a ser examinada.

3.6.1 Exame do sistema, dos livros e dos documentos

O exame de documentos e livros é um dos pontos importantes da Perícia Extrajudicial. Ao tratar-se, como ensina Vaz,[1] de perícias para incorporações, fusões e cisões de empresas, deverão ser examinados *o sistema contábil, os livros* e *os documentos*. Essas investigações devem pautar-se em escopo que abrangerá, pelo menos:

a) SISTEMA CONTÁBIL – examinar-se-ão os principais instrumentos de orientação ao trabalho contábil, como plano de contas, plano de históricos, plano de arquivo das memórias eletrônicas, *software*, plano de arquivo dos documentos (que formarão o suporte dos fatos contábeis) e manuais de procedimentos.

b) LIVROS – nestes, os exames consubstanciar-se-ão em:

– Se o DIÁRIO está revestido das formalidades intrínsecas e extrínsecas, e autenticado; se os registros contábeis estão orientados pela Legislação Societária e pelas Normas, Princípios e Convenções Fundamentais de Contabilidade; se foi feita a transcrição das demonstrações contábeis etc.

– Se no Livro de Apuração do Lucro Real (LALUR) a apuração do lucro real, as demonstrações e os registros estão corretos.

---

[1] VAZ, Alcides. *Perícias contábeis judiciais*: manual de práticas. São Paulo: IOB, 1993. p. 63-65.

– Se o nível de detalhamento dos registros no RAZÃO está coerente com as transações e de forma elucidativa.

– Se existem e estão atualizados os LIVROS SOCIAIS, como, por exemplo: de presença de acionistas, conselheiros e diretores; de atas de assembleias gerais e de reuniões do conselho de administração e da diretoria; de registros e de transferências de ações etc.

c) DOCUMENTOS – também devem ser examinados:

– Atos constitutivos.

– Atas de Assembleia Geral Ordinária (AGO) e de Assembleia Geral Extraordinária (AGE), no caso de sociedades anônimas.

– Atas de FUSÃO, INCORPORAÇÃO, CISÃO.

– Correspondências do departamento de acionistas.

– Demonstrações contábeis e suas evidenciações.

– IAN (Informações Anuais para a CVM).

– Relatórios da administração etc.

Na Perícia Extrajudicial as fundamentações *comentários periciais* assumem grande importância porque nelas o(s) perito(s) desenvolverá(ão) a sustentação teórica e fundamentação legal de seu trabalho, combinando-as com opinião fundada na investigação do sistema contábil, dos livros e da documentação. É relevante, em ditas fundamentações, que o perito faça confronto entre os patrimônios líquidos das empresas envolvidas no processo, analisando-os.

Nessa perícia, se houver quesitos, a operacionalização se desenvolverá de idêntica maneira que em Perícia Contábil Judicial. Assim, o perito deve expor claramente a situação da(s) empresa(s) resultante(s) da fusão, cisão ou incorporação, evidenciando a distribuição de capital, apresentando balanço(s) de abertura e lançamentos contábeis que deverão ser feitos.

É recomendável documentar as memórias de cálculos da equivalência patrimonial e pareceres de auditores e de consultores técnicos, se houver, por exemplo: avaliação de imóveis, títulos, marcas, ações, por profissionais e/ou empresas especializadas e por analistas de mercado.

O laudo pericial, tratando-se de Perícia Extrajudicial, poderá ser assinado pelo perito individualmente, ou conjuntamente nos casos em que a lei comercial ou societária exigir mais de um perito.

3.6.2 Laudo da Perícia Extrajudicial – estrutura

Na elaboração do laudo da Perícia Extrajudicial, devem-se seguir as recomendações enunciadas, que implicam na exigência de cuidados por parte do(s) perito(s):

Na **introdução** – identificar o(s) perito(s), a matéria sobre a qual versou a perícia e o instrumento contratual com suas principais características.

Na **visão do conjunto** – restringir(em)-se à matéria a ser examinada, à indicação dos métodos e dos recursos técnicos e humanos empregados.

Quanto aos **documentos e livros examinados** – registrar todos.

Nos **comentários periciais** – fazer(em) a fundamentação teórica e legal para sustentação das conclusões.

No **encerramento** – assiná-lo individualmente, ou em conjunto quando a matéria periciada exigir mais de um perito.

Questões para revisão

1. Que você entende por atos preparatórios?
2. Que são atos de execução do trabalho pericial?
3. Que são diligências? Exemplifique.
4. Em sua opinião, o que vem a ser laudo pericial?
5. Que é perícia contábil?
6. Quais podem ser as atribuições do assistente técnico e suas responsabilidades na execução de um trabalho pericial?
7. A quem cabe a responsabilidade pela indicação dos assistentes técnicos para os trabalhos periciais?
8. Quais os requisitos mínimos para que um profissional possa executar um trabalho de perícia?
9. Quais os procedimentos utilizados com a finalidade de obter informes para sustentar o laudo pericial?
10. O perito pode contratar outros profissionais para auxiliá-lo na execução de seu trabalho?
11. Quais os requisitos mínimos na elaboração de um laudo de Perícia Extrajudicial?
12. Como se deve proceder em Perícias Extrajudiciais, quando houver a necessidade de recorrer ao conhecimento de especialistas?
13. Em síntese, qual o campo de investigação em Perícias Extrajudiciais?

14. Na Perícia Extrajudicial, que se entende por *comentários periciais*?

15. Qual a recomendação para com as memórias de cálculos, na Perícia Extrajudicial?

16. Faça um breve resumo sobre os assuntos abordados neste capítulo.

3.7 Resultado do trabalho pericial

Compartilhar as regras processuais com a orientação normativa do CFC, NBC PP 01, é necessário, pois ela está pautada em um conjunto de condições e orientações. Vejamos:

> "33. Na elaboração da proposta de honorários, o perito dever considerar os seguintes fatores: a relevância, o vulto, o risco, a complexidade, a quantidade de horas, o pessoal técnico, o prazo estabelecido e a forma de recebimento, entre outros fatores."

> "35. O perito deve ressaltar, em sua proposta de honorários, que esta não contempla os honorários relativos a quesitos suplementares e, se estes forem formulados pelo juiz e/ou pelas partes, pode haver incidência de honorários complementares a serem requeridos, observando os mesmos critérios adotados para elaboração da proposta inicial."

> "36. O perito deve apresentar sua proposta de honorários devidamente fundamentada."

> "37. O perito deve explicitar a sua proposta no contrato que, obrigatoriamente, celebrará com o seu cliente, observando as normas estabelecidas pelo Conselho Federal de Contabilidade. No final desta Norma, há um modelo de contrato que pode ser utilizado (Modelo nº 10)."

Neste item dá-se especial atenção ao conjunto de regras processuais, dos atos sobre honorários e das regras de conduta impostas aos peritos.

3.7.1 Honorários nos processos cível e trabalhista

Primeiramente, se pretender aceitar o encargo, o perito deve elaborar o orçamento que servirá de base da proposta de honorários, a ser apresentada no prazo de 5 (cinco) dias (CPC, art. 465, § 2º, I).

É importante lembrar que um ato é apresentar proposta de honorários, outro é requerer depósito prévio de honorários.

A regra processual (CPC, art. 82) é de que cabe às partes prover as despesas dos atos que realizam ou requerem no processo, antecipando-lhes o pagamento, ressalvadas as disposições concernentes à justiça gratuita e à trabalhista.

O pagamento de ditas despesas (exceto as concernentes à justiça gratuita e à trabalhista) será feito por ocasião de cada ato processual, competindo ao autor adiantar as despesas relativas aos atos cuja realização o juiz determinar de ofício ou a requerimento do Ministério Público.

Entretanto, a NBC PP 01, Item 33, orienta que: "Na elaboração da proposta de honorários, o perito dever considerar os seguintes fatores: a relevância, o vulto, o risco, a complexidade, a quantidade de horas, o pessoal técnico, o prazo estabelecido e a forma de recebimento, entre outros fatores."

As regras processuais, que disciplinam o pagamento de honorários aos peritos, nomeados de ofício, são diferentes para os processos cível e trabalhista, especialmente na denominação "**laudo/parecer**" e nos **prazos**. Com o propósito de elucidar tais divergências, seguem-se abordagens orientativas aos procedimentos, sobre honorários na Justiça Cível e na Justiça Trabalhista.

Honorários na Justiça Cível

Recomenda-se ao perito requerer sejam depositados os honorários, antes de iniciar as diligências, argumentando a complexidade e a importância da prova pericial, e, a responsabilidade do encargo, que em certas ocasiões exige possíveis esclarecimentos sobre o conteúdo do laudo, em audiência.

O estabelecimento prévio de honorários, mediante avaliação dos esforços do **perito** e da sua equipe de trabalho, deve ser argumentado, segundo a NBC PP 01, Item 34, considerando-se entre outros os seguintes fatores:

"(a) retirada e entrega do processo ou procedimento arbitral; (b) leitura e interpretação do processo; (c) elaboração de termos de diligências para arrecadação de provas e comunicações às partes, terceiros e peritos-assistentes; (d) realização de diligências; (e) pesquisa documental e exame de livros contábeis, fiscais e societários; (f) elaboração de planilhas de cálculo, quadros, gráficos, simulações e análises de resultados; (g) elaboração do laudo; (h) reuniões com peritos-assistentes, quando for o caso; (i) revisão final; (j) despesas com viagens, hospedagens, transporte, alimentação, etc.; (k) outros trabalhos com despesas supervenientes."

A remuneração do perito, do intérprete e do tradutor, segundo o art. 10 da Lei Federal nº 9.289/96 (*Regulamento das Custas da Justiça Federal*), será fixado pelo juiz em despacho fundamentado, ouvidas as partes e à vista da proposta de honorário apresentada, considerados o local da prestação do serviço, a natureza, a complexidade e o tempo estimado do trabalho a realizar.

Na regra expressa (CPC, art. 95), os honorários do **perito** serão pagos: (a) pela parte que houver requerido o exame; (b) pelo autor, quando requerido por ambas as partes ou determinado de ofício pelo juiz.

Faz-se exceção quando se tratar de gratuidade da justiça, em cuja condição os honorários podem ser pagos: com **recursos orçamentários do ente público**, se realizada a perícia por servidor do Poder Judiciário ou por órgão público conveniado; com **recursos do orçamento da União, do Estado ou do Distrito Federal**, no caso de ser realizada por particular, hipótese em que o valor será fixado conforme tabela do tribunal respectivo ou, na ausência desta, do Conselho Nacional de Justiça.

Quanto aos assistentes, cada parte pagará o valor contratado para quem houver indicado.

Intimadas da proposta de honorários periciais, as partes poderão se manifestar (CPC, art. 465, § 3º) no prazo comum de 5 (cinco) dias, sendo possível que elas postulem a redução do valor proposto e, excepcionalmente, a substituição do perito, no intuito de obter a redução.

O perito poderá ser intimado sobre a manifestação das partes, mas não deverá deixar-se convencer pelos argumentos subjetivos delas. O perito não é parte no processo, portanto, não deverá estabelecer um conflito dentro da própria lide. Responderá de forma sucinta e objetiva, dizendo se aceita ou não reduzir sua proposta e os motivos. A concordância com a redução do valor deve ser evitada, pois isso dará ao juiz e às partes uma ideia de insegurança do profissional. Se considerar inevitável alguma redução, faça-a em percentual mínimo, de forma justificada.

Ouvidas as partes, o juiz homologará a proposta do perito ou fixará o valor que ele entender justo e adequado, determinando à parte a efetivação do depósito-prévio, que, regra geral, será levantado logo após a apresentação do laudo em cartório, mediante o alvará próprio. Pode ser arbitrado previamente um valor provisório dos honorários, que poderá ser revisto e reformulado por ocasião da sentença.

O sentido das decisões judiciais tem sido de que:

a) o perito não tem legitimidade para recorrer da decisão que fixa a sua remuneração;

b) não cabe extinção do processo por falta de depósito, prosseguindo a ação sem a produção da prova pericial;

c) não é possível condicionar a prolação da sentença à complementação de depósito da remuneração do perito.

Quanto ao valor dos honorários e ao depósito prévio, caso a decisão do juízo seja parcial ou totalmente contrária ao pleito do perito, ele pode, pautado em jurisprudências, analisar as particularidades do seu caso, buscando reverter a situação.

Os honorários do perito, segundo o CPC (art. 515, V), uma vez definidos pelo juiz, se constituem em títulos executivos judiciais, podendo, naturalmente, ser executados como dívida líquida e certa. Atente-se que a prescrição dos honorários do perito acontece em um ano, na forma do art. 206, § 1º, III, do Código Civil.

Honorários na Justiça Trabalhista

As perícias trabalhistas têm como foro a Justiça do Trabalho, que visa à apuração dos pleitos dos empregados, em ações individuais ou coletivas, regra geral, em relação a insatisfações de valores remuneratórios. Podem ocorrer, também, em ações de empregadores contra empregados, na apuração da justa causa para dispensa. Embora sendo disciplinada pela Lei nº 5.584/70, o CPC é fonte subsidiária naquilo em que as regras expressas na LPT forem omissas (art. 769 da CLT).

Na Justiça do Trabalho o assistente técnico apresenta laudo (e não parecer), no mesmo prazo assinado do **perito do juízo** (Lei nº 5.584/70, art. 3º, parágrafo único). Note-se que no processo cível a regra é diferente, concedido ao assistente prazo maior que ao perito.

Na Justiça do Trabalho não existe depósito prévio, assim, a proposta de honorários deverá ser feita em petição especial e protocolada, em separado, no mesmo momento que o laudo pericial ou após sua entrega.

Para o perito defender o valor de sua proposta de honorários, é recomendável que demonstre de forma clara e fundamentada: as diligências, as análises e os levantamentos que foram necessários para a produção da prova pericial.

Na sentença, o juiz fixará os valores dos honorários periciais, atendendo ou não à sugestão proposta pelo perito, e declarará a parte sucumbente, ou seja, quem perdeu a causa e, consequentemente, irá pagar o perito do juízo. Na Justiça Trabalhista não se discute previamente o valor dos honorários. Sendo a proposta apresentada concomitantemente ou após a entrega do laudo pericial, o valor arbitrado pelo juízo na sentença poderá sofrer a impugnação da parte sucumbente. Via de regra, o perito não terá oportunidade de se manifestar sobre tal impugnação.

Excepcionalmente, após entregar o laudo pericial e da proposta de honorários, o perito é surpreendido com valor incompatível com o trabalho desenvolvido. Assim, é aconselhável, principalmente nas ações trabalhistas de grande porte, apresentar proposta de honorários para discussão e homologação pelo juiz, antes de dar início aos trabalhos.

Por outro lado, havendo a reclamada requerido a perícia, nada impede que o perito faça seu pedido de depósito prévio e até mesmo requeira adiantamento. O deferimento dependerá muito das circunstâncias e da fundamentação; o juiz, evidentemente, deferirá ou não a homologação do valor e respectivo depósito prévio do adiantamento.

3.7.2 Penalidades impostas ao perito

Os resultados do trabalho pericial podem gerar **ganhos** (remuneratórios ou satisfação pessoal) ou **perdas** (penalidades por conduta inadequada e incompetência), ao final de uma atividade.

Esses ganhos, necessariamente, não terão que ser remuneratórios. Eles podem ser uma satisfação pessoal, como o reconhecimento pelo mérito, distinção do profissional pelo seu conhecimento técnico ou científico ou uma decepção advinda de perdas.

As perdas podem representar responsabilidades, multas, sanções. O perito tem o dever de reparar os danos que causar às pessoas ou à sociedade (CPC, art. 158). A prática dolosa, culposa, a informação inverídica têm punições previstas nas regras processuais.

O perito poderá ser sancionado em uma ou mais das seguintes situações:

a) *prestar informações inverídicas por dolo ou culpa implicará em:* substituição e responder por prejuízos que causar à parte; ficar inabilitado, por 2 (dois) anos, a funcionar em outras perícias; e incorrer na sanção que a lei penal estabelecer;

b) *carência de conhecimento técnico ou científico implicará em:* substituição;

c) *deixar de cumprir o encargo no prazo sem motivo legítimo implicará em:* substituição; comunicação da ocorrência, pelo juiz, à corporação profissional; multa fixada tendo em vista o valor da causa e o possível prejuízo decorrente do atraso no processo;

d) *deixar de restituir honorário por trabalho não realizado implicará em:* impedimento por 5 (cinco) anos.

Questões para revisão

1. Quando e como poderá ser sancionado o perito?

2. Quem pagará honorários ao perito e/ou aos assistentes técnicos?

3. Quem apresentará laudo e quem apresentará parecer?

4. Qual a punição cabível ao perito no caso de prestar informação inverídica?

5. Qual a punição cabível ao perito no caso de não cumprir o encargo no prazo que lhe foi estabelecido?

6. Os créditos originários de serviços prestados à justiça constituem títulos executivos judiciais?

CAPÍTULO 4
Modelo Burocrático Pericial – Acessos e Desenhos de Documentos

O que é burocracia?

No sentido bom da palavra, é o conjunto de atos e práticas que garantem o controle e a qualidade de resultados do trabalho administrativo e operacional de uma organização.

Este capítulo foi idealizado com o propósito de oferecer ao leitor os **caminhos da tramitação dos processos** e alguns **modelos de documentos**, que devem ser gerados por lavratura do **perito** ou do órgão judiciário, utilizados em processos nos quais se requer a prova pericial.

4.1 Caminhos utilizados na tramitação dos autos

Para as novas situações de tramitação dos processos, motivadas pela **implantação dos sistemas eletrônicos** na maioria das comarcas brasileiras, deve-se considerar que ainda existem muitos processos físicos, especialmente nas comarcas em transição, operando simultaneamente com os eletrônicos.

Quando se operam as práticas periciais nos **sistemas eletrônicos**, via de regra, há um ambiente de comunicação que é **restrito ao perito**, exemplificando: "*PROJUDI PR → MESA DO PERITO*". Este *link* tem a função de permitir ao **perito do juízo** acesso às informações acostadas no caderno processual, conhecendo assim os conteúdos específicos de cada documento, e também para o envio de informes ao Juízo.

As demais pessoas que utilizam os sistemas eletrônicos judiciários também têm os seus *links* específicos. Todo usuário/"logado" desses sistemas tem *código de acesso e senha*, próprios e implantados nos respectivos cadastros pessoais, no ambiente sistêmico, que podem ser operados pelo usuário cadastrado/autorizado.

Consultas profissionais somente são permitidas aos usuários "logados" no sistema, aqueles que têm *um código de acesso e uma senha*".

Consultas públicas são permitidas a todas as pessoas, com ou sem cadastro, restritas às regras jurídicas e técnicas que disciplinam atividades em ambientes informatizados, e respeitadas as orientações emanadas dos tutoriais disponíveis nos sistemas.

Como ilustração, vejamos as informações com os caminhos para chegar às imagens das telas que permitem a **consulta pública** no ambiente informatizado do *PROJUDI PR* no Estado do Paraná. O caminho ao *PROJUDI PR* é fácil. Basta seguir a rotina desenhada nesta sequência:

1 Abra a página do Google – ou outra de sua preferência.

2 Escreva a sigla PROJUDI PR e tecle Enter.

3 Selecione na tela:

Projudi – Processo Eletrônico do Judiciário do Paraná – **<https://proju-di.tjpr.jus.br/>.**

E, assim, você abrirá caminho às telas de acesso ao programa. Nas páginas seguintes, estão informadas as quatro ROTINAS que permitirão visualizar o CADERNO PROCESSUAL. Seguindo os passos aqui ordenados você chegará à listagem dos MOVIMENTOS (numerados em ordem cronológica decrescente) e em seguida poderá fazer a leitura dos atos do magistrado.

1º Passo – TELA COM OS PROCEDIMENTOS DE ACESSO AO PROGRAMA:

1. "**Consulta Pública**" – se você não é cadastrado, faça o seguinte caminho: selecione na coluna da esquerda "Consulta Pública", para abrir acesso ao *link*. Aparece nova tela com os ícones a serem informados para acesso ao caderno processual.

2. O campo **"Acesso do Sistema" via login/senha** é reservado aos profissionais cadastrados.

2º Passo – TELA COM ACESSO AO CADERNO PROCESSUAL:

– Informe o **"Número do processo"**, a **"Comarca"** e o **"Juízo"** (vara); abre-se a chave de segurança "CAPTCHA" – digite a figura para abrir a tela com o caderno processual.

3º Passo – TELA COM ACESSO AOS ATOS:

– *Das "Partes"; das "Movimentações"; dos "Apensamentos"; dos "Vínculos"* do processo, nesta página. PARA CONSULTA PÚBLICA – selecionando, por exemplo, "**movimentações**", abre-se a lista das movimentações dos atos.

4º Passo – TELA COM ACESSO AOS DOCUMENTOS:

– Posicionando o *mouse* na linha marcada, sobre o sinal "+", o usuário abre a tela com o documento cujo título está nos movimentos em ordem decrescente de entrada.

Modelo Burocrático Pericial – Acessos e Desenhos de Documentos [85]

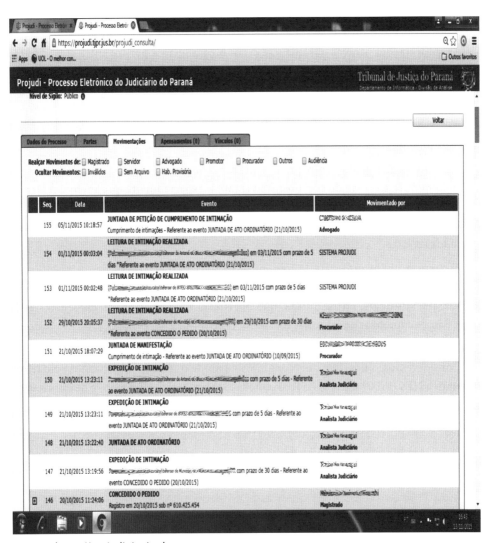

Fonte: <https://projudi.tjpr.jus.br>.

Figura 4.1 Tela que abre à documentação com os atos do processo.

NOTA EXPLICATIVA: São comuns nas comunicações por meios eletrônicos, como textos de e-mail e de mensagens, usos com abreviaturas de palavras e de expressões idiomáticas – **nas comunicações com o ambiente judiciário isto deve ser evitado; o correto é o uso de linguagem formal.**

4.2 Modelos de documentos com desenhos sistêmicos

As informações através das quais se comunicam juízo e perito, entre si, são feitas de forma escrita, em **modelos de documentos com desenhos sistêmicos**, em geral. Nessa linha de comunicação, encontram-se com frequência a *Intimação* em forma de mandado ou de carta, lavrados por um auxiliar do Judiciário [secretário(a), escrivã(o), assistente judiciário(a), técnico(a) judiciário(a), oficial etc.] e os *Despachos* escritos pelo juiz.

As relações de trabalho entre *perito e juiz* também devem ser formalizadas por meio de documentos. Essa via de comunicação tramita, especialmente, por meio de: *Despachos, de lavratura do magistrado; Manifestações, de lavratura do representante do Ministério Público; Petições, de lavratura do perito; Comunicados, de lavratura dos auxiliares em atividade no Juízo.*

Existem também as formas de comunicação do **perito do Juízo** com os **assistentes técnicos, as partes, as testemunhas, as repartições públicas, as organizações empresariais, sindicais, entre outras**, que devem ser feitas durante as diligências periciais. São documentos de informação, como: o *Termo de Diligência, Ofícios, Declarações, Requerimentos* etc.

Consideremos, ainda, que dois conjuntos de modelos estão normatizados pelo CFC, segundo a NBC PP 01 e a NBC TP 01, cujos desenhos estão publicados e disponíveis no *site* do CFC, nas edições destas normas.

Veja quais modelos estão editados na NBC PP 01:

> *Modelo nº 1 – Escusa em perícia judicial;*

> *Modelo nº 2 – Renúncia em perícia arbitral;*

> *Modelo nº 3 – Renúncia em perícia extrajudicial;*

> *Modelo nº 4 – Renúncia à indicação em perícia judicial;*

> *Modelo nº 5 – Renúncia à indicação em perícia arbitral;*

> *Modelo nº 6 – Renúncia em assistência em perícia extrajudicial;*

> *Modelo nº 7 – Petição de honorários periciais contábeis;*

> *Modelo nº 8 – Petição de juntada de laudo pericial contábil e pedido de levantamento de honorários;*

> *Modelo nº 9 – Petição de juntada de laudo trabalhista e pedido de arbitramento de honorários; e*

Modelo nº 10 – Contrato particular de prestação de serviços profissionais.

Veja quais modelos estão editados na NBC TP 01:

Modelo nº 1 – Termo de diligência na perícia judicial;

Modelo nº 2 – Termo de diligência na perícia extrajudicial;

Modelo nº 3 – Termo de diligência na perícia arbitral;

Modelo nº 4 – Planejamento para perícia judicial.

Mesmo havendo sistematizações nas atividades do Poder Judiciário, esses modelos não são únicos; cada um de seus segmentos, especialmente as varas, tem suas peculiaridades.

PARTE II

Casos Praticados

Capítulo 5
Casos Selecionados e Resolvidos

A investigação de campo dos casos aqui apresentados operacionalizou-se com a combinação do conjunto de conhecimentos abordados nos Capítulos 1 a 3.

A investigação documental foi orientada e realizada segundo os conteúdos dos ditos capítulos, tendo como objeto processos previamente coletados e selecionados, com a colaboração de peritos atuantes de várias comarcas. O conjunto dos quatro casos que compõem este capítulo, elencados a seguir, reúne aqueles que apresentaram melhores características para aplicação em procedimentos pedagógicos.

Nossas investigações se basearam em aspectos documentais, metodológicos e das práticas para operacionalização das perícias, em processos judiciais e extrajudiciais. Ao mesmo tempo em que lecionamos a disciplina de Perícia Contábil, em duas Instituições de Ensino Superior da Capital Paranaense, alguns casos foram discutidos em salas de aula e apresentados sob nossa coordenação em seminário aberto ao público acadêmico dessas Instituições.

Segue-se a relação dos casos selecionados e apresentados nesta edição:

Caso 1 – Cobrança de duplicata de cliente

Caso 2 – Embargos à execução fiscal – contra a Fazenda Pública

Caso 3 – Reclamação trabalhista – fase de execução

Caso 4 – Prestação de contas de administrador – extrajudicial

Caso Selecionado 1 – Cobrança de duplicata de cliente

A empresa "X" presta serviços a "Y". Alegando o não recebimento do serviço faturado segundo a NF 040, ingressa com ação de execução do título representado pela Duplicata 0040/2005, juntando também como provas a cópia do contrato de prestação de serviços e da nota fiscal 040, série U. A empresa "Y" contesta a execução e apresenta como prova as extratificações de parte dos livros DIÁRIO, CAIXA e REGISTRO DE ENTRADAS, todas do mesmo mês, e a ficha de controle auxiliar de FORNECEDORES, com registro das operações.

Na dúvida sobre a interpretação das provas apresentadas pela autora e pela ré, o magistrado nomeou perito e formulou os seguintes quesitos ordinários:

1. O sistema de escrituração contábil adotado pela ré é regular e os assentos são lançados em dia?

2. Está registrada no livro de SAÍDAS a nota fiscal 040, série U, emitida por "X" e consta sua liquidação?

3. Está contabilizado no livro DIÁRIO o pagamento da nota fiscal, mencionada no Quesito 2, como venda a vista ou a prazo?

4. Pode o Senhor Perito, com base em exame na escrituração, prestar outros esclarecimentos que venham a elucidar se houve ou não pagamento na nota fiscal em lide?

As diretrizes metodológicas se iniciaram pela observância das normas: processuais civis; brasileiras de contabilidade; e comerciais com foco na legislação societária. Optou-se pelo método de Estudo de Caso compartilhado com Análise Comparativa, das *extratificações* apresentadas pela Ré com os *livros* contábeis, fiscais e auxiliares.

Como diligências: a leitura dos autos; confrontação dos extratos apresentados como prova com as fontes originais; e exame dos livros contábeis e fiscais para constatação da regularidade.

DADOS ACOSTADOS NOS AUTOS PELA RÉ:

"Y" – Estratificação do livro DIÁRIO Nº XXX – mês DEZ – ano 2004 – fls. XXX				
Data	**Conta**	**Histórico**	**D**	**C**
04/12	CO. MATERIAL	N/ compra para utilização.	70.000,00	
04/12	FORNECEDORES	NF 46, co. de serviços – "X" pz		70.000,00
10/12	DESP. OPERAC.	Gastos com televendas	30.000,00	
10/12	CAIXA	Pagto. de serviços terceirizados		30.000,00
31/12	CONTRATADO	NF 040/45, aquisição de serviços – "X"	86.420,00	
31/12	CAIXA	Pagto. de serviços com terceirizados no mês		86.420,00

Continua

"Y" – Estratificação do livro CAIXA N° XXX – mês DEZ – ano 2004 – fls. XXX					
Data	Histórico	D	C	S	D/C
31/12	N/ pagamento cf NFSC 40/45		86.420,00	1.760,00	D

"Y" – Estratificação do REGISTRO DE ENTRADAS N° XXX – mês DEZ – ano 2004 – fls. XXX					
Data	NF – Série	Vr. Contb.	Alíquota %	Vr. Tribut.	Observ.
01/12	040 U	81.670,00			
10/12	041-44 U	4.000,00			
10/12	045 U	750,00			

"Y" – Estratificação da ficha de controle auxiliar do fornecedor: X – mês MAIO/DEZ – ano 2004					
Data	Histórico	D	C	S	D/C
10/05	S/ fornecimento de serviços cf NFSC 018		90.000,00	90.000,00	C
10/06	S/ fornecimento de serviços cf NFSC 026		10.000,00	100.000,00	C
20/06	N/ pagamento cf NFSC 018	90.000,00		10.000,00	C
20/09	N/ pagamento cf NFSC 026	10.000,00			
10/10	S/ fornecimento de serviços cf NFSC 031/32		41.760,00	41.760,00	C
26/11	S/ fornecimento de serviços cf NFSC 040		81.670,00	123.430,00	C
10/12	S/ fornecimento de serviços cf NFSC 041/45		4.750,00	128.180,00	C
31/12	N/ pagamento cf NFSC 040/45	86.420,00		41.760,00	C

Resolução do Caso Selecionado 1 – Cobrança de duplicata de cliente

LAUDO PERICIAL CONTÁBIL

1 – IDENTIFICAÇÃO

Processo nº:

Autora: "X"

Ré: "Y"

Perito:

2 – SÍNTESE DO PROCESSO: Trata-se de uma ação de execução de título cambial representado por Nota Fiscal/Fatura, alegando não recebimento do valor dos serviços prestados.

3 – OBJETIVO DA PERÍCIA: Exame de livros e documentos contábeis, para constar a veracidade das estratificações dos livros apresentadas como prova pela Ré, na defesa.

4 – DIRETRIZES METODOLÓGICAS: Observância das normas processuais civis, brasileiras de contabilidade e comerciais. Optou-se pelo método de Estudo de Caso compartilhado com Análise Comparativa, das *estratificações* apresentadas pela Ré com os livros contábeis, fiscais e auxiliares.

5 – DILIGÊNCIAS REALIZADAS: Leitura dos autos e confrontação dos extratos apresentados como prova com as fontes originais, e exame dos livros contábeis e fiscais, para constatação de regularidade.

6 – QUESITOS/RESPOSTAS:

6.1 O sistema de escrituração contábil adotado pela ré é regular e os assentos são lançados em dia?

RESPOSTA:

Em exame efetuado nos livros contábeis e fiscais, constatou-se regularidade com as NORMAS BRASILEIRAS DE CONTABILIDADE e práticas contábeis vigentes.

6.2 Está registrada no livro de SAÍDAS a nota fiscal 040, série U, emitida por "X" e consta sua liquidação?

RESPOSTA:

Os livros próprios para se constatar o registro da liquidação de títulos comerciais são os LIVROS: CAIXA e DIÁRIO. A liquidação está registrada no LIVRO CAIXA, juntamente com as notas fiscais 41, 42, 43, 44 e 45. O valor da nota fiscal 40 é de R$ 81.670,00 e as demais somam R$ 4.750,00, perfazendo o total de R$ 86.420,00.

6.3 Está contabilizado no livro DIÁRIO o pagamento da nota fiscal, mencionada no quesito 2, como venda à vista ou a prazo?

RESPOSTA:

O referido pagamento está contabilizado no LIVRO DIÁRIO 001, com pagamento efetuado À VISTA na data de 31/12/2004.

6.4 Pode o senhor perito, com base na escrituração examinada, prestar outros esclarecimentos que venham a elucidar se houve ou não o pagamento da nota fiscal em lide?

RESPOSTA:

O exame de escrituração, referente aos registros nos livros DIÁRIO e CAIXA, evidencia a existência da operação como sendo à vista.

7 – ENCERRAMENTO: Contém o presente laudo 02 (duas) páginas escritas e numeradas por processo eletrônico na sua parte principal, mais os Apêndices A, B e C. É o laudo.

Cidade e data.

Nome completo

Perito-contador CRC _____ nº _____

E-mail:

APÊNDICES:

APÊNDICE A – "Y" – Estratificação do livro DIÁRIO Nº XXX – DEZ/2004 – fls. XXX

APÊNDICE B – "Y" – Estratificação do livro CAIXA Nº XXX – DEZ/2004 – fls. XXX

APÊNDICE C – "Y" – Estratificação do livro REGISTRO DE ENTRADAS Nº XXX – DEZ/2004 – fls. XXX

APÊNDICE A – "Y" – Estratificação do livro DIÁRIO Nº XXX – mês DEZ – ano 2004 – fls. XXX				
Data	Conta	Histórico	D	C
04/12	CO. MATERIAL	N/ compra para utilização.	70.000,00	
04/12	FORNECEDORES	NF 46, co. de serviços – X pz		70.000,00
10/12	DESP. OPERAC.	Gastos com televendas	30.000,00	
10/12	CAIXA	Pagto. de serviços terceirizados		30.000,00
31/12	CONTRATADO	NF 040/45, aquisição de serviços – X	86.420,00	
31/12	CAIXA	Pagto. de serviços com terceirizados no mês		86.420,00

APÊNDICE B – "Y" – Estratificação do livro CAIXA Nº XXX – mês DEZ – ano 2004 – fls. XXX					
Data	Histórico	D	C	S	D/C
31/12	N/ pagamento cf NFSC 40/45		86.420,00	1.760,00	D

APÊNDICE C – "Y" – Estratificação do REGISTRO DE ENTRADAS Nº XXX – mês DEZ – ano 2004 – fls. XXX					
Data	NF – Série	Vr. Contb.	Alíquota %	Vr. Tribut.	Observ.
01/12	040 U	81.670,00			
10/12	041-44 U	4.000,00			
10/12	045 U	750,00			

EXERCÍCIO – Analisar a resolução apresentada para o caso e escrever sua opinião quanto à validade do laudo. Se discordar de algo, faça argumentação indicando qual seria a solução adequada.

Caso Selecionado 2 – Embargos à execução fiscal – contra a Fazenda Pública

Os processos fiscais na instância federal adotam conjunto de práticas, via de regra, em três fases, a saber: primeiramente, em **Processo Administrativo**, autuado na competência do Agente Fiscal; na sequência podem ocorrer as ações de **Execução Fiscal**, seguida de **Embargos à Execução Fiscal**, autuadas na competência de um Juízo Federal.

Em síntese, este processo trata de embargos à Execução Fiscal XXX XX XX XXXXXX-X, em que a [...], na condição de Exequente, pretende receber o valor atualizado de R$ 48.421,93, resultante da DÍVIDA ATIVA INSCRITA sob o número XX X XX XXXXXX-XX.

A nomeação teve como objetivo esclarecer dúvidas na interpretação das provas dos fatos arguidos segundo os 4 (quatro) quesitos formulados pela Embargante. Os quesitos foram transcritos e respondidos em forma de sínteses, na sequência, cujos detalhes estão demonstrados no conjunto de Apêndices A, B, C e D, mais os Termos de Diligências:

Apêndice A – CONTA-CORRENTE (CC) de comparação dos valores originais da "CONTRIBUIÇÃO" A RECOLHER, das GUIAS DE DEPÓSITOS, do DARF e dos SALDOS, em CR$ e em UFIR;

Apêndice B – CONTA-CORRENTE (CC) de comparação dos valores da "CONTRIBUIÇÃO" A RECOLHER (informados no "DCTC"), dos DEPÓSITOS (informados na "REDEJU-A") e dos SALDOS apurados em CR$ e em UFIR;

Apêndice C – CONTA-CORRENTE (CC) de comparação dos valores da "CONTRIBUIÇÃO" A RECOLHER (informados no "DCTC"), dos DEPÓSITOS (informados na "REDEJU-A"), mais um DARF e uma GUIA não informados pelo órgão arrecadador e dos SALDOS apurados em CR$ e em UFIR;

Apêndice D – TABELA COM OS VALORES HISTÓRICOS DA UFIR NACIONAL (valores do 1º dia útil do mês).

Termos de Diligências nᵒˢ: XXXXX, XXXXX e XXXXX.

A aplicação da metodologia classificada como "*Estudo de Caso*" pautou-se na observância das normas: processuais civis; brasileiras de contabilidade; fiscais federais. Para a produção da prova pericial foi realizada coleta de dados e informes, com a finalidade de reunir elementos de informação, seguida das diligências: visita ao Escritório do Advogado da Embargante e da Embargada [...] para comunicar a data de início da produção da Prova Pericial; leitura dos autos para identificação de provas dos fatos e compilação das folhas com informações referentes aos quesitos; levantamento de dados para elaboração das planilhas da CONTA-CORRENTE (CC) dos valores a recolher e dos depositados com a consequente apuração dos saldos em valores históricos CR$ e da UFIR; captura de informações via Internet em páginas oficiais.

Resolução do Caso Selecionado 2 – Embargos à execução fiscal – contra a Fazenda Pública

LAUDO PERICIAL CONTÁBIL

Identificação:
Autos: EMBARGOS À EXECUÇÃO FISCAL XXXX.XX.X.XXXXXX-X
Embargante: "X"
Embargada: "Y"
Perito:

SÍNTESE DO PROCESSO – Trata-se de embargos à Execução Fiscal XXXXXXXX XXXXXX-X, em que a "Y"_____ (nome da empresa), na condição de Exequente pretende receber o valor atualizado de R$ 48.421,93, resultante da DÍVIDA ATIVA INSCRITA sob o número XXXXXXXXXXX-XX.

OBJETIVO DA PERÍCIA – Esclarecer dúvidas na interpretação das provas dos fatos arguidos segundo 4 (quatro) quesitos formulados pela Embargante.

DIRETRIZES METODOLÓGICAS – A aplicação da metodologia classificada como "*Estudo de Caso*" pautou-se na observância das normas: processuais civis; brasileiras de contabilidade; fiscais federais. Os quesitos foram transcritos e respondidos em forma de sínteses, na sequência, cujos detalhes estão demonstrados no conjunto de Apêndices, listados na última página deste Laudo.

DILIGÊNCIAS REALIZADAS – Coleta de dados e informes, com a finalidade de reunir elementos de informação para a produção da Prova Pericial:

a) visita ao Escritório do Advogado da Embargante e da Embargada para comunicar a data de início da produção da Prova Pericial;

b) leitura dos autos para identificação de provas dos fatos e compilação das folhas com informações referentes aos quesitos;

c) levantamento de dados para elaboração das planilhas da CONTA-CORRENTE (CC) dos valores a recolher e dos depositados, com a consequente apuração dos saldos em valores históricos CR$ e da UFIR;

d) captura de informações via Internet em páginas oficiais.

QUESITOS / RESPOSTAS – Os quesitos da Embargante estão transcritos em *itálico*, seguidos das respostas. A Embargada não apresentou quesitos.

Quesitos da Embargante:

a) *Se os valores exigidos na execução fiscal ora embargada estão contidos nas conversões em renda ocorridas nas ações judiciais que discutiram a "CONTRIBUIÇÃO".*

RESPOSTA:

A resposta a este quesito exige uma sequência de comparações pela ordem cronológica dos fatos documentados nos autos. Analisando os parágrafos enunciados na sequência deste texto, pode-se concluir que, com exceção ao mês de abr/1991 (CR$ 566.414,00), **todos os demais meses elencados na Execução Fiscal estão contidos nos autos de MANDADO DE SEGURANÇA nº** _____, no qual foram **apurados os depósitos em excesso** (Ofício nº XXX/XX, de 22 de fevereiro de 1995) e procedida a devolução ao contribuinte Embargante na mesma data [BC ... / AVISO DE DÉBITO (fls. XXX):

1º) os valores exigidos na Execução Fiscal, ora embargada, são compostos por saldos da "CONTRIBUIÇÃO" A RECOLHER, dos períodos de competência: **abr/1991 a dez/1991 e jan/1993**, segundo o TERMO DE INSCRIÇÃO EM DÍVIDA ATIVA nº XXXXXXXXXXX-XX, de 29/09/2003 (fls. XXX-XXX);

2º) os valores da "CONTRIBUIÇÃO" A RECOLHER do período de competência: **maio/1991 a jan/1993** estão demonstrados (fls. XXX-XXX), na conta XXXXX-X, em cujo período estão contidos **os mesmos meses de competência** do TERMO DE INSCRIÇÃO EM DÍVIDA ATIVA nº XXXXXXXXXXX-XX, [**exceto abr./1991 com o valor de CR$ 566.414,00** (fls. XXX)];

3º) os valores gerados como "CONTRIBUIÇÃO" A RECOLHER, de maio/1991 a jan/1993, e o *TOTAL DE CONTRIBUIÇÃO DEVIDO À UNIÃO FN: 21.216,31 UFIR"*, pela Embargante, estão demonstrados em petição, às fls. XXX-XXX dos autos de MANDADO DE SEGURANÇA nº XX.XXXXXXX-X. Nos mesmos autos há um despacho, às fls. XXX, com o seguinte teor *"J. Defiro. Expeça-se alvará e converta-se em renda os valores devidos à [...]. Em 06.02.95 – [...] Juiz Federal da [...]ª Vara"* (cópias às fls. XXX-XXX destes autos de Embargo);

4º) nos mesmos autos, de MANDADO DE SEGURANÇA nº XX.XXXXXXX-X, às fls. XXX (cópias às fls. XXX destes Embargos), foi autorizada a devolução dos **depósitos excedentes a 21.216,31 UFIR**, conta XXXXX-X, no valor de R$ 14.459,93, a favor da empresa "X" [(fls. XXX), cópias às fls. XXX] destes Embargos.

b) *Qual a base de cálculo da "CONTRIBUIÇÃO" considerada pela exequente para fins de apuração da "CONTRIBUIÇÃO" exigido na CDA nº XX.X.XX.XXXXXX-XX?*

RESPOSTA:

Não há identificação da base de cálculo. Porém, os valores da contribuição, considerados *"pela exequente para fins de apuração da 'CONTRIBUIÇÃO' exigido na CDA nº XX.X.XX.*

XXXXXX-XX" foram definidos no relatório *SINCOR-PROFISC*_____ – *DE-MONSTRATIVO DE DÉBITO (PARA INSCRIÇÃO EM DÍVIDA ATIVA DA UNIÃO) – PROCESSO Nº: XXXX-XXX.XXX/XXXX-XX – TRIBUTO: X-XXXX – "CONTRIBUI-ÇÃO*" gerado pelo MINISTÉRIO [____ / ____– _____ (cidade), em XXX/XX/ XXXX (fls. XXX-XXX). No documento, em apreço, **registram-se as identificações dos meses de competência com os respectivos saldos** apurados pela Embargada [...].

c) *A exequente corrigiu monetariamente a base de cálculo?*

RESPOSTA:

As expressões gramaticais *"Atualização Monetária"* e *"Correção Monetária"* se distinguem apenas na utilização dos vocábulos, mas o efeito de suas aplicações sobre a capacidade da moeda para o pagamento de tributos e contribuições é o mesmo. Assim é possível entender-se que as contribuições foram atualizadas monetariamente (corrigidas). E não a base de cálculo. A resposta deste quesito está baseada na comparação de fatos documentados nos autos por relatórios gerados pelo MINISTÉRIO [____] / ____ – _____ (cidade), em datas subsequentes, como segue:

1º) O relatório *"DEMONSTRATIVO DE PAGAMENTOS CADASTRADOS"* (fls. XXX), de 28/03/2003, registra os valores dos depósitos iguais aos apurados no *"DE-MONSTRATIVO DE RECOLHIMENTOS REFERENTES AOS DÉBITOS DA "CON-TRIBUIÇÃO"* (fls. XXX), de 31/03/2003, este último elaborado com aplicação de um **fator = 0,2191** para alguns dos depósitos judiciais e para outros não, mesmo que efetuados nas mesmas datas. Dito fator pode ser interpretado como ATUALIZAÇÃO MONE-TÁRIA dos depósitos em cujas linhas da tabela a seguir é evidenciada:

COMPETÊNCIA	DATA DO DEPÓSITO	VALOR DO DEPÓSITO EM CR$	FATOR 0,2191	VALOR ACEITO COMO PAGAMENTO EM CR$
ABR/1991	08/07/91	83.451,67		83.451,67
MAIO/1991	02/08/91	146.185,66		146.185,66
JUN/1991	02/08/91	138.147,01		138.147,01
JUL/1991	05/08/91	2.545.594,14	0,2191	557.739,67
	06/08/91	139.649,41		139.649,41
AGO/1991	20/09/91	929.620,04	0,2191	203.679,75
SET/1991	22/10/91	951.198,62	0,2161	208.407,61
	22/10/91	120.662,31		120.662,31
OUT/1991	21/11/91	1.297.285,78	0,2191	284.235,31
	21/11/91	186.916,65		186.916,65
NOV/1991	20/12/91	1.940.246,82	0,2191	425.108,07
DEZ/1991	07/02/92	4.790.355,19	0,2191	1.049.566,82
JAN/1993	19/02/93	46.120.696,16	0,2191	10.105.044,53
	19/02/93	4.521.337,41		4.521.337,41

Fonte: fls. XXX dos Autos de Embargo.

2º) O relatório *"SINCOR-PROFISC – DEMONSTRATIVO DE DÉBITO (PARA INS-CRIÇÃO EM DÍVIDA ATIVA DA UNIÃO)"* gerado em 10/04/2003 (fls. XXX-XXX) registra o termo inicial da **"ATUALIZAÇÃO MONETÁRIA" dos saldos apurados para INSCRIÇÃO EM DÍVIDA ATIVA**, com início em: 02/01/1992 para as competências de abr./1991 a nov./1991; 09/01/1992 para a competência de dez./1991; 25/02/1993 para a competência de jan/1993.

d) *Considerando os valores recolhidos, considerando os valores depositados, e, por fim, considerando que a LC 07/70 determina que a "CONTRIBUIÇÃO" deveria ser recolhida com base no faturamento do 6º mês anterior, sem correção monetária, queira o Sr. Perito dizer se algo é devido pela executada.*

RESPOSTA:

As **evidências indicam que a Embargante**, salvo outra e melhor conclusão, **nada deve** à **Embargada**, quanto ao objeto do litígio em apreço. Focado nas considerações expressas no texto deste quesito, elaboramos um conjunto de planilhas nas quais estão demonstrados os detalhes das **operações contabilizadas**, para apoiar esta resposta:

1º) No **Apêndice A**, contabilizamos os valores das "CONTRIBUIÇÕES" tomando como fonte o relatório "DECREJU-A" (fls. XXX e XXX) com informes da empresa Embargante e respectivos PAGAMENTOS, comprovados com um DARF (fls. XXX) e várias GUIAS DE DEPÓSITOS (fls. XXX-XXX; XXX e XXX), todos com autenticações bancárias, em valores históricos da MOEDA NACIONAL (CR$), corrente no período em que ditas operações ocorreram. A conta-corrente (CC) assim elaborada demonstra como SALDOS um excesso de depósitos no valor de CR$ 36.787.916,72 equivalentes a 6.554,49 UFIR (apurado pela conversão do valor da UFIR do primeiro dia útil de cada mês subsequente a cada pagamento).

2º) No **Apêndice B**, contabilizamos os valores das "CONTRIBUIÇÕES" (fls. XXX) e respectivos PAGAMENTOS (fls. XXX), tomando como fontes os relatórios com informes da Embargada [...], em valores históricos da MOEDA NACIONAL (CR$) e da UFIR, correntes no período em que ditas operações ocorreram. A conta-corrente (CC) assim elaborada demonstra um excesso de depósitos no valor de CR$ 38.162.974,77 equivalentes a 1.035,88 UFIR (apuradas aplicando: para as **contribuições** a conversão do valor da UFIR do primeiro dia útil de cada mês subsequente ao mês do fato gerador; para os **depósitos** a conversão do valor da UFIR do primeiro dia útil de cada mês subsequente a cada pagamento).

3º) No **Apêndice C**, contabilizamos as "CONTRIBUIÇÕES" (fls. XXX) e respectivos PAGAMENTOS, tomando como fonte o relatório "REDEJU-A" (fls. XXX) originário da Embargada [...], mais os comprovantes de recolhimento em DARF (fls. XXX) e GUIA DE DEPÓSITO (fls. XXX), não registrados como pagamentos pela "Instituição Arrecadadora", em valores históricos da MOEDA NACIONAL (CR$) e da UFIR, correntes no período em que ditas operações ocorreram. A conta-corrente (CC) assim elaborada demonstra um excesso de depósitos no valor de CR$ 41.136.987,25 equivalentes a 12.103,57 UFIR (apuradas aplicando: para as **contribuições**, a conversão do valor da UFIR do primeiro dia útil de cada mês subsequente ao mês do fato gerador; para os **depósitos**, a conversão do valor da UFIR do primeiro dia útil de cada mês subsequente a cada pagamento).

4º) Finalizando, pagamentos e depósitos com "Atualização Monetária" foram recolhidos antecipadamente aos prazos definidos na LC 07/70. Mesmo considerando que houve "Atualização Monetária" e também o não lançamento do DARF = CR$ 428.418,34 (fls. XXX) e da GUIA DE DEPÓSITO CR$ = 2.545.594,14 (fls. XXX), nos relatórios da "Instituição Arrecadadora", se confirma o **excesso de depósitos**.

ENCERRAMENTO:

Contém este **Laudo Pericial Contábil** 5 (cinco) páginas de textos processados por meio eletrônico, mais um conjunto de Apêndices identificados como: A, B, C e D e os Termos de Diligências.

Os procedimentos para produção desta **Prova Pericial** foram iniciados em 21/07/2009, com o conhecimento das partes, segundo os Termos de Diligências nº XXXXX e nº XXXXX.

Tendo-se constatado que o Senhor [...] – indicado como Perito Assistente da Embargante – tem formação universitária em ADMINISTRAÇÃO e que não houve indicação nos autos de Perito Assistente da Embargada. Assim, foi definido que cada Perito produziria **Prova Pericial** em separado. Em Apêndice, Termo de Diligência XXXXX.

Nesta oportunidade nos colocamos à disposição de Vossa Excelência e das Partes para os esclarecimentos que se fizerem necessários.

Cidade e data.

Nome completo
Perito-contador CRC _____ nº _____
E-mail:

APÊNDICES:

Apêndice A – CONTA-CORRENTE (CC) de comparação dos valores originais da "CONTRIBUIÇÃO" A RECOLHER, das GUIAS DE DEPÓSITOS, do DARF e dos SALDOS, em CR$ e em UFIR;

Apêndice B – CONTA-CORRENTE (CC) de comparação dos valores da "CONTRIBUIÇÃO" A RECOLHER (informados no "DCTC"), dos DEPÓSITOS (informados na "REDEJU-A") e dos SALDOS, apurados em CR$ e em UFIR;

Apêndice C – CONTA-CORRENTE (CC) de comparação dos valores da "CONTRIBUIÇÃO" A RECOLHER (informados no "DCTC"), dos DEPÓSITOS (informados na "REDEJU-A") mais um DARF e uma GUIA não informados pela "Instituição Arrecadadora"), e dos SALDOS apurados em CR$ e em UFIR;

Apêndice D – TABELA COM OS VALORES HISTÓRICOS DA UFIR NACIONAL (valores do 1º dia útil do mês).

Termos de Diligências n^{os}: XXXXX; XXXXX; e XXXXX.

Apêndice A – CONTA-CORRENTE (CC) de comparação dos valores originais do [...] A RECOLHER, das GUIAS DE DEPÓSITOS, do DARF e dos SALDOS (em CR$ e em UFIR)

Competência MÊS FATURAMENTO	"CONTRIBUIÇÃO" A RECOLHER CR$	DECREJU-A VENCIMENTOS	FLS
ABR/1991	566.414,00	05/07/91	96
		20/10/91 / LC 7/70	
MAIO/1991	992.060,00	05/08/91	96
		20/11/91 / LC 7/70	
JUN/1991	979.238,00	05/08/91	96
		20/12/91/ LC 7/70	
JUL/1991	947.846,00	07/10/91	96
		20/01/92 / LC 7/70	
AGO/1991	868.966,00	06/09/91	96
		20/02/92 / LC 7/70	
SET/1991	749.739,00	07/10/91	96
		20/03/92 / LC 7/70	
OUT/1991	**1.115.614,00**	07/11/91	96
		20/04/92 / LC 7/70	
NOV/1991	1.396.246,00	06/12/91	96
DEZ/1991	3.002.018,00	08/01/92	96
JAN/1992	1.224.695,00	20/06/92 / LC 7/70	
JAN/1993	15.848.153,00	24/02/93	98
		20/07/93 / LC 7/70	
TOTAL	**27.690.989,00**		

Competência MÊS FATURAMENTO	CRUZEIROS CR$	DEPÓSITOS DATA	DOC / CONTA / CÓD	FLS	NOTAS
ABR/1991	83.451,67	08/JUL/91	GUIA / 22.451	104	
	428.418,34	08/JUL/91	DARF 3885	104	*
ST	**511.870,01**				
MAIO/1991	146.185,66	02/AGO/91	GUIA / 22.451	228	
	992.115,70	05/AGO/91	GUIA / 25.533	105	**
ST	**1.138.301,36**				
JUN/1991	138.147,01	02/AGO/91	GUIA / 22.451	105	
	777.164,39	05/AGO/91	GUIA / 25.533	105	**
ST	**915.311,40**				
JUL/1991	139.649,41	06/AGO/91	GUIA / 22.451	105	
	776.314,05	05/AGO/91	GUIA / 25.533	105	**
ST	**915.963,46**				
AGO/1991	139.140,51	23/SET/91	GUIA / 22.451	238	
	929.620,04	20/SET/91	GUIA /25.533	106	
ST	**1.068.760,55**				
SET/1991	120.662,31	22/OUT/91	GUIA / 22.451	106	
	951.198,62	20/OUT/91	GUIA / 25.533	106	
ST	**1.071.860,93**				
OUT/1991	1.297.285,78	21/NOV/91	GUIA / 25.533	107	
	186.916,65	21/NOV/91	GUIA / 22.451	107	
ST	**1.484.202,43**				
NOV/1991	1.940.246,82	20/DEZ/91	GUIA / 25.533	107	
ST	**1.940.246,82**				
DEZ/1991	4.790.355,19	07/FEV/92	GUIA / 25.533	107	**
ST	**4.790.355,19**				
JAN/1993	4.521.337,41	19/FEV/93	GUIA / 22.451	108	
	46.120.696,16	19/FEV/93	GUIA / 25.533	108	
ST	**50.642.033,57**				
TOTAL	**64.478.905,72**				

Competência MÊS FATURAMENTO	SALDOS APURADOS EM CRUZEIROS CR$	SALDOS EM UFIR NO VALOR DA UFIR	CONVERTIDOS MÊS DO PAGTO. QUANTIDADE DE UFIR
ABR/1991	54.543,99	237,34	229,81
MAIO/1991	– 146.241,38	274,41	– 532,93
JUN/1991	63.926,59	274,41	232,96
JUL/1991	31.882,54	274,41	116,19
AGO/1991	– 199.794,55	317,28	– 629,71
SET/1991	– 322.121,93	384,16	– 838,51
OUT/1991	– 368.588,43	481,58	– 765,37
NOV/1991	– 544.000,82	597,06	– 911,13
DEZ/1991	– 563.642,19	947,65	– 594,78
JAN/1993	34.793.880,57	12.161,36	– 2.861,02
TOTAL	**36.787.916,75**		**– 6.554,49**

NOTAS: – As competências de DEZ/1991 = R$ 3.002.018,40 e JAN/1992 = R$ 1.224.695,53, informadas na DECREJU-A, foram depositadas na mesma GUIA.

* Pagamento com DARF, no código 3885.

** Ref. [...] documento com emenda manuscrita.

Cidade e data.
Nome completo
Perito-contador CRC _____ nº _____
E-mail:

Apêndice B – CONTA-CORRENTE (CC) comparação dos valores do [...] A RE-COLHER (informados no DCTC), dos DEPÓSITOS (informados na REDEJU-A) e dos SALDOS, apurados em CR$ e em UFIR

[1] Competência MÊS FATURAMENTO	2 [...] A RECOLHER CR$	3 DCTC 28/03/2003 VENCIMENTOS	4 FLS
ABR/1991	83.451,66	05/07/91	127
		20/10/91 / LC 7/70	
MAIO/1991	992.060,00	05/08/91	127
		20/11/91 / LC 7/70	
JUN/1991	915.300,00	05/08/91	127
		20/12/91 / LC 7/70	

Continua

[1] Competência MÊS FATURAMENTO	2 [...] A RECOLHER CR$	3 DCTC 28/03/2003 VENCIMENTOS	4 FLS
JUL/1991	915.964,00	07/10/91	127
		20/01/92 / LC 7/70	
AGO/1991	868.966,00	06/09/91	127
		20/02/92 / LC 7/70	
SET/1991	749.739,00	07/10/91	127
		20/03/92 / LC 7/70	
OUT/1991	1.115.614,00	07/11/91	127
		20/04/92 / LC 7/70	
NOV/1991	1.396.246,00	06/12/91	127
		20/05/92 / LC 7/70	
DEZ/1991	3.002.018,00	08/01/92	127
		20/06/92 / LC 7/70	
JAN/1993	15.848.153,95	24/02/93	98
	9.597,03	20/07/93 / LC 7/70	
	1.651,36		127
TOTAL	**25.887.512,61**		

[1] Competência MÊS FATURAMENTO	5 CRUZEIROS CR$	6	7 DEPÓSITOS DATA	8 DOC/CONTA/CÓD	9 FLS
ABR/1991	83.451,67		08/JUL/91	REDEJU-A / 22.451	126
ST	**83.451,67**				
MAIO/1991	146.185,66		02/AGO/91	REDEJU-A / 22.451	126
ST	**146.185,66**				
JUN/1991	138.147,01		02/AGO/91	REDEJU-A / 22.451	126
	2.545.594,14		05/AGO/91	REDEJU-A/25.533	126
ST	**2.683.741,15**				
JUL/1991	139.649,41		06/AGO/91	REDEJU-A / 22.451	126
ST	**139.649,41**				
AGO/1991	929.620,04		20/SET/91	REDEJU-A/25.533	126
	139.140,51		23/SET/91	REDEJU-A / 22.451	126
ST	**1.068.760,55**				
SET/1991	951.198,62		22/OUT/91	REDEJU-A / 25.533	126
	120.662,31		22/OUT/91	REDEJU-A / 22.451	126
ST	**1.071.860,93**				

Continua

[1] Competência MÊS FATURAMENTO	5 CRUZEIROS CR$	6	7 DEPÓSITOS DATA	8 DOC/CONTA/CÓD	9 FLS
OUT/1991	1.297.285,78		21/NOV/91	REDEJU-A / 25.533	126
	186.916,65		21/NOV/91	REDEJU-A / 22.451	126
ST	**1.484.202,43**				
NOV/1991	1.940.246,82		20/DEZ/91	REDEJU-A/25.533	126
ST	**1.940.246,82**				
DEZ/1991	4.790.355,19		07/FEV/92	REDEJU-A / 25.533	126
ST	**4.790.355,19**				
JAN/1993	46.120.696,16		19/FEV/93	REDEJU-A / 25.533	126
	4.521.337,41		19/FEV/93	REDEJU-A / 22.451	126
ST	**50.642.033,57**				
TOTAL	**64.050.487,38**			**SALDOS EM CR$** **38.162.974,77**	

[1] Competência MÊS FATURAMENTO	10 VALOR DA UFIR DA COMPETÊNCIA	11 [...] A RECOLHER EM UFIR	12 VALOR DA UFIR DO PAGAMENTO	13 DEPÓSITOS E PAGAMENTOS EM UFIR	14 SALDOS APURADOS EM UFIR
ABR/1991	179,01	466,18	237,34	351,61	114,57
MAIO/1991	190,96	5.195,12	274,41	532,73	4.662,39
JUN/1991	211,65	4.324,59	274,41	9.780,04	– 5.455,45
JUL/1991	237,34	3.859,29	274,41	508,91	3.350,38
AGO/1991	274,41	3.166,67	317,28	3.368,51	– 201,84
SET/1991	317,28	2.363,03	384,16	2.790,14	– 427,11
OUT/1991	384,16	2.904,03	481,58	3.081,94	– 177,91
NOV/1991	481,58	2.899,30	597,06	3.249,67	– 350,37
DEZ/1991	597,06	5.028,00	945,64	5.065,73	– 37,73
JAN/1993	9.597,03	1.651,36	12.161,36	4.164,18	– 2.512,82
TOTAL		**31.857,57**		**32.893,46**	**1.035,89**

Cidade e data.

Nome completo

Perito-contador CRC _____ nº _____

E-mail:

Apêndice C – CONTA-CORRENTE (CC) de comparação dos valores do [...] A RECOLHER (informados no DCTC), dos DEPÓSITOS (informados na REDEJU-A mais [um DARF e uma GUIA não informados pela "Instituição Arrecadadora"]) e dos SALDOS

[1] Competência MÊS FATURAMENTO	2 [...] A RECOLHER CR$	3 DCTC 28/03/2003 VENCIMENTOS	4 FLS
ABR/1991	83.451,66	05/07/91	127
		20/10/91 / LC 7/70	
MAIO/1991	992.060,00	05/08/91	127
		20/11/91 / LC 7/70	
JUN/1991	915.300,00	05/08/91	127
		20/12/91/ LC 7/70	
JUL/1991	915.964,00	07/10/91	127
		20/01/92 / LC 7/70	
AGO/1991	868.966,00	06/09/91	127
		20/02/92 / LC 7/70	
SET/1991	749.739,00	07/10/91	127
		20/03/92 / LC 7/70	
OUT/1991	1.115.614,00	07/11/91	127
		20/04/92 / LC 7/70	
NOV/1991	1.396.246,00	06/12/91	127
		20/05/92 / LC 7/70	
DEZ/1991	3.002.018,00	08/01/92	127
		20/06/92 / LC 7/70	
JAN/1993	15.848.153,95	24/02/93	98
	9.597,03	20/07/93 / LC 7/70	
	1.651,36		
TOTAL	**25.887.512,61**		

[1] Competência MÊS FATURAMENTO	5 CRUZEIROS CR$	6 DEPÓSITOS DATA	7 DOC / CONTA / CÓD	8 FLS	9 NOTAS
ABR/1991	83.451,67	08/JUL/91	REDEJU-A / 22.451	126	
	428.418,34	05/JUL/91	DARF 3885	104	*
ST	**511.870,01**				
MAIO/1991	146.185,66	02/AGO/91	REDEJU-A / 22.451	126	
	992.115,70	05/AGO/91	GUIA / 25.533	105	**
ST	**1.138.301,36**				
JUN/1991	138.147,01	02/AGO/91	REDEJU-A / 22.451	126	
	2.545.594,14	05/AGO/91	REDEJU-A/25.533	126	
	777.164,39	05/AGO/91	GUIA / 25.533	105	**
ST	**3.460.905,54**				
JUL/1991	139.649,41	06/AGO/91	REDEJU-A / 22.451	126	
	776.314,05	05/AGO/91	GUIA / 25.533	105	**
ST	**915.963,46**				
AGO/1991	929.620,04	20/SET/91	REDEJU-A / 25.533	126	
	139.140,51	23/SET/91	REDEJU-A / 22.451	126	
ST	**1.068.760,55**				
SET/1991	951.198,62	22/OUT/91	REDEJU-A / 25.533	126	
	120.662,31	22/OUT/91	REDEJU-A / 22.451	126	
ST	**1.071.860,93**				
OUT/1991	1.297.285,78	21/NOV/91	REDEJU-A / 25.533	126	
	186.916,65	21/NOV/91	REDEJU-A / 22.451	126	
ST	**1.484.202,43**				
NOV/1991	1.940.246,82	20/DEZ/91	REDEJU-A/25.533	126	
ST	**1.940.246,82**				
DEZ/1991	4.790.355,19	07/FEV/92	REDEJU-A / 25.533	126	
ST	**4.790.355,19**				
JAN/1993	46.120.696,16	19/FEV/93	REDEJU-A / 25.533	126	
	4.521.337,41	19/FEV/93	REDEJU-A / 22.451	126	
ST	**50.642.033,57**				
			SALDOS EM **CR$**		
TOTAL	**67.024.499,86**		**41.136.987,25**		

[1] Competência MÊS FATURAMENTO	10 VALOR DA UFIR DA COMPETÊNCIA	11 [...] A RECOLHER EM UFIR	12 VALOR DA UFIR DO PAGAMENTO	13 DEPÓSITOS E PAGAMENTOS EM UFIR	14 SALDOS APURADOS EM UFIR
ABR/1991	179,01	466,18	237,34	2.156,70	– 1.690,52
MAIO/1991	190,96	5.195,12	274,41	4.148,18	1.046,94
JUN/1991	211,65	4.324,59	274,41	12.612,17	– 8.287,58
JUL/1991	237,34	3.859,29	274,41	3.337,94	521,35
AGO/1991	274,41	3.166,67	317,28	3.368,51	– 201,84
SET/1991	317,28	2.363,03	384,16	2.790,14	– 427,11
OUT/1991	384,16	2.904,03	481,58	3.081,94	– 177,91
NOV/1991	481,58	2.899,30	597,06	3.249,67	– 350,37
DEZ/1991	597,06	5.028,00	945,64	5.065,73	– 37,73
JAN/1993	9.597,03	1.651,36	12.161,36	4.164,18	– 2.512,82
TOTAL		**31.857,57**		**43.975,16**	12.117,59

NOTAS:

SALDOS APURADOS POR COMPARAÇÃO: CONTRIBUIÇÕES INFORMADAS NO [DCTC/MÊS DA COMPETÊNCIA (fls. XXX)];

DEPÓSITOS INFORMADOS NA [REDEJU-A / MÊS DO PAGAMENTO (fls. XXX)] MAIS DARF E GUIA DE DEPÓSITO NÃO CONTABILIZADOS PELA "Instituição Arrecadadora".

* Pagamento com DARF

** Ref. [...] (documento com emenda manuscrita).

Cidade e data.

Apêndice D – Tabela com os valores históricos da UFIR nacional (valores do 1º dia útil do mês)

LEI Nº 8.383, DE 30 DE DEZEMBRO DE 1991

UFIR – Unidade Fiscal de Referência

	Jan	Fev	Mar	Abr	Maio	Jun	Jul	Ago	Set	Out	Nov	Dez
1991	-	-	152,49	170,47	179,01	190,96	211,65	237,34	274,41	317,28	384,16	481,58
1992	597,06	749,91	945,64	1.153,96	1.382,79	1.707,05	2.104,28	2.546,39	3.135,62	3.867,16	4.852,51	6.002,55
1993	7.412,55	9.597,03	12.161,36	15.318,45	19.506,52	25.126,35	32.749,68	42,79	56,48	75,90	102,59	137,37
1994	187,77	261,32	365,06	524,34	740,63	1.068,06	0,5618	0,5911	0,6207	0,6308	0,6428	0,6618
1995	0,6767	0,6767	0,6767	0,7061	0,7061	0,7061	0,7564	0,7564	0,7564	0,7952	0,7952	0,7952
1996	0,8287	0,8287	0,8287	0,8287	0,8287	0,8287	0,8847	0,8847	0,8847	0,8847	0,8847	0,8847
1997	0,9108	0,9108	0,9108	0,9108	0,9108	0,9108	0,9108	0,9108	0,9108	0,9108	0,9108	0,9108

	Jan	Fev	Mar	Abr	Maio	Jun	Jul	Ago	Set	Out	Nov	Dez
1998	0,9611	0,9611	0,9611	0,9611	0,9611	0,9611	0,9611	0,9611	0,9611	0,9611	0,9611	0,9611
1999	0,977	0,977	0,977	0,977	0,977	0,977	0,977	0,977	0,977	0,977	0,977	0,977
2000	1,0641	1,0641	1,0641	1,0641	1,0641	1.0641	1,0641	1,0641	1,0641	1,0641	**Extinta**	–

Fontes: Fundação Getulio Vargas, Banco Central e Ministério da Ciência e Tecnologia.

NOTAS:

1) Para o ano de 1995: valor trimestral; anterior a Agosto/93 – Cr$ – (Cruzeiros).

2) Para o ano de 1996: valor semestral; Agosto/93 a Junho/94 – CR$ – (Cruzeiros Reais).

3) Para o ano de 1997: valor anual; Julho/94 em diante – R$ – (Reais).

4) Para o ano de 1998: valor anual; a partir de 01/09/1994 extinguiu-se a UFIR diária.

5) Para o ano de 1999: valor anual; anterior a Setembro/94, o valor é o do 1º dia útil do mês em referência.

6) Para o ano de 2000: valor anual.

EXCELENTÍSSIMO(A) DOUTOR(A) PROCURADOR(A) DA EMPRESA "X"

Processo nº: XXXX.XX.XX.XXXXXX-X Ação: EMBARGOS À EXECUÇÃO FISCAL Autor/Embargante: "X" Réu/Embargado: "Y" Perito:

TERMO DE DILIGÊNCIA Nº _____

_____, perito-contador, habilitado nos termos do artigo 145, §§ 1º e 2º do CPC, conforme certidão do Conselho Regional de Contabilidade do Estado de _____, cópia nos autos, estabelecido na rua _____, _____, CEP _____, _____ (bairro), _____ (cidade – UF), nomeado às fls. XXX, do processo acima identificado, vem à presença de Vossa Excelência **informar a data de** _____, **às** _____, **no endereço acima grifado, para início da produção da Prova Pericial Contábil, requerida nestes autos.**

Respeitosamente, solicita ciência do recebimento deste Termo de Diligência.

Cidade e data.
Nome completo:
Perito-contador CRC _____ nº _____
E-mail

CIENTE: _____ / _____ / _____
PROCURADOR _____
ou

FUNCIONÁRIO:

Nome: _____

Matrícula/RG: _____

EXCELENTÍSSIMO(A) DOUTOR(A) PROCURADOR(A) DA "UNIÃO FN'

> Processo nº: XXXX.XX.XX.XXXXXX-X
> Ação: EMBARGOS À EXECUÇÃO FISCAL
> Autor/Embargante: "X"
> Réu/Embargado: "Y"
> Perito:

TERMO DE DILIGÊNCIA Nº _____

_____, perito-contador, habilitado nos termos do artigo 145, §§ 1º e 2º do CPC, conforme certidão do Conselho Regional de Contabilidade do Estado de _____, cópia nos autos, estabelecido na rua _____, _____, CEP _____, _____ (bairro), _____ (cidade – UF), nomeado às fls. XXX, do processo acima identificado, vem à presença de Vossa Excelência **informar a data de _____, às _____, no endereço acima grifado, para início da produção da Prova Pericial Contábil, requerida nestes autos.**

Respeitosamente, solicita ciência do recebimento deste Termo de Diligência.

Cidade e data.

Nome completo:

Perito-contador CRC _____ nº _____

E-mail:

CIENTE: _____ / _____ / _____

PROCURADOR _____

ou

FUNCIONÁRIO:

Nome: _____

Matrícula/RG:————————————————————

Justiça Federal – _____ ª Região – Seção Judiciária do _____

_____ ª Vara de Execuções Fiscais

Autos: EMBARGOS À EXECUÇÃO FISCAL XXXX.XX.XX.XXXXXX-X

Embargante: "X"

Embargada: "Y"

TERMO DE DILIGÊNCIA Nº _____

Aos _____ (dias), de _____ (mês) de _____ (ano), às _____ (horário), na Rua _____, CEP _____, _____ (bairro), _____ (cidade – Estado), eu, _____ CRC nº _____, CPF _____ – Perito do Juízo presente no endereço acima informado constatei o comparecimento do Sr. [...], Administrador CRA 6.YYY, [...]ª REGIÃO, CPF [...], – Perito Assistente da Embargante, indicado às (fls. XXX-XXX) e a ausência de Perito Assistente da Embargada, tendo ambas as partes sido informadas da data, hora e local dos trabalhos iniciais, conforme Termos de Diligências números XXXXXXX e XXXXXXX (em Apêndice). Assim, deu-se início às atividades necessárias à produção da **prova pericial** objeto deste processo, autorizada por DECISÃO do Excelentíssimo Doutor Juiz Federal, lavrada às (fls. XXX).

Iniciadas as atividades às ____ h ____ min, os autos foram colocados à disposição do(s) Perito(s) Assistente(s) para conhecimento dos quesitos e demais informes necessários às diligências de obtenção e análise das provas dos fatos e responder aos quesitos do(s) Excelentíssimo(s) representante(s) da(s) parte(s).

Prosseguiu a reunião, na qual definiu-se como etapa inicial a análise das informações e documentos acostados aos autos e se necessária a coleta de dados na forma expressa no artigo 429 do CPC.

Não sendo possível obter todos os informes necessários aos objetivos da perícia em única reunião, foi definido que novas datas poderiam ser agendadas, independentemente pelos peritos, para dar continuidade às diligências, se necessárias.

Foi estabelecido que pelo fato de a Embargada não ter indicado Perito Assistente, o Perito do Juízo e o Perito Assistente da Embargante deverão produzir **provas periciais**, em separado.

Encerrada esta primeira reunião às ____ h ____min, do mesmo dia, lavrou-se o presente Termo de Diligência.

ASSINATURA(S) DO(S) PERITO(S) DO JUÍZO

_____

Nome completo:

Perito-contador CRC _____ nº _____

E-mail:

ASSINATURA(S) DO(S) PERITO(S) ASSISTENTE(S)

_____

_____

EXERCÍCIO – Analisar a resolução apresentada para o caso e escrever sua opinião quanto à validade do laudo. Se discordar de algo, faça argumentação indicando qual seria a solução adequada.

Caso Selecionado 3 – Reclamação trabalhista – fase de execução

Reclamação trabalhista em que o autor "X", alegando ter trabalhado como pedreiro, postula verbas rescisórias, especificadas como: horas extras; trabalho aos sábados e domingos; férias acumuladas; décimo terceiro salário; multas; FGTS, totalizando o valor de R$ 24.200,00 para a conciliação em audiência sindical. Não obtendo acordo, ingressou na Justiça do Trabalho apresentando como valor da ação R$ 8.500,00, alegando haver trabalhado no período de janeiro de 1999 a dezembro de 2001. Não aceitou na primeira audiência de instrução um acordo no valor de R$ 3.000,00. Julgada a lide depois da segunda audiência, recebeu, um ano depois, R$ 3.130,14 em verbas rescisórias, como empregado doméstico.

A metodologia aplicada nesta fase do processo trabalhista são os Métodos Matemáticos, para liquidação de sentença ilíquida. Nesta fase do processo não são elaborados quesitos, assim os procedimentos periciais são orientados pelo resumo dos julgados.

RESUMO DOS JULGADOS – "Sentença (fls. XXX/XXX): **a**) vínculo de emprego – reconhecido vínculo empregatício de 05/07/1999 a 03/11/2001; **b**) remuneração – deve ser considerada aquela que consta dos recibos de pagamentos juntados à defesa, na falta destes, pela média do período; **c**) verbas rescisórias – aviso-prévio indenizado (30 dias); 13º salário 1999 (06/12); 13º salário 2000 (12/12); 13º salário 2001 (11/12); férias integrais (2/12), com 1/3 (períodos: 1999/2000 e 2000/2001; férias proporcionais 2001/2002 (06/12), com 1/3. As férias para empregado doméstico são de 20 dias úteis. Indevido o FGTS (parcela facultativa); **d**) horas extras – nada a deferir; **e**) honorários advocatícios – indevidos; **f**) correção monetária – mês subsequente; **g**) descontos previdenciários e fiscais – autorizado, mês a mês."

Note-se que na produção da prova pericial trabalhista **perito do juízo** e **assistente técnico** elaboram laudos, que devem ser entregues no mesmo prazo.

[114] Casos Praticados

INFORMES DA DEFESA – a defesa apresentou 2 (duas) planilhas com o detalhamento das datas e das remunerações pagas:

Tabela 1 Obra de ampliação de casa – Mapeamento de períodos trabalhados pelo Sr. "X"

Nº recibo	Banco	Nº Ch.	Data Ch.	R$	(Dias) / Período	Observ.
1	CEF	000067	14/7/99	50,00	(4) 7 a 10/7/99	Em moeda R$ 50,00
2	Banestado	558952	21/7/99	75,00	(5) 12 a 16/7/99	Em moeda R$ 50,00
3	Banestado	558954	28/7/99	155,00	(7) 19 a 23/6 e 27/7/99	Em moeda R$ 50,00
				30,00	(1) 24/7/99	Empreitada
4	Banestado	712502	4/8/99	50,00	(2) 30, 31/7/99	
	Total pago no mês		.	**510,00**	**Total de dias trabalhados no mês de: JUL/1999**	**19 dias**
5	Banestado	712509	11/8/99	75,00	(5) 27 a 6/8/99	Em moeda R$ 50,00
6	Banestado	712512	18/8/99	75,00	(5) 9 a 13/8/99	Em moeda R$ 50,00
7	CEF	.000083	25/8/99	50,00	(5) 16 a 20/8/99	Em moeda R$ 75,00
8	Banestado	712515	1/9/99	75,00	(5) 23 a 27/8/99	Em moeda R$ 50,00
	Total pago no mês			**500,00**	**Total de dias trabalhados no mês de: AGO/1999**	**26 dias**
9	CEF	000044	8/9/99	100,00	(6) 30/6 a 4/9/99	Em moeda R$ 50,00
10	CEF	000089	15/9/99	75,00	(5) 6 a 10/9/99	Em moeda R$ 50,00
11	CEF	000093	22/9/99	100,00	(6) 13 a 18/9/99	Em moeda R$ 50,00
12	CEF	000099	29/9/99	100,00	(6) 20 a 25/9/99	Em moeda R$ 50,00
13	CEF	000105	6/10/99	75,00	(6) 27/9 a 1/10/99	Em moeda R$ 50,00
	Total pago no mês			**650,00**	**Total de dias trabalhados no mês de: SET/1999**	**26 dias**
14	CEF	000107	13/10/99	50,00	(4) 5 a 8/10/99	Em moeda R$ 50,00
15	CEF	000112	20/10/99	75,00	(5) 11 a 15/10/99	Em moeda R$ 50,00
16	CEF	000115	27/10/99	100,00	(6) 18 a 23/10/99	Em moeda R$ 50,00
	Total pago no mês			**375,00**	**Total de dias trabalhados no mês de: OUT/1999**	**15 dias**
17	CEF	000122	10/11/99	90,00	(6) 1 a 6/11/99	Em moeda R$ 50,00

Continua

Nº recibo	Banco	Nº Ch.	Data Ch.	R$	(Dias) / Período	Observ.
18	CEF	.000127	17/10/99	100,00	(6) 8 a 13/11/99	Em moeda R$ 50,00
19	CEF	.000132	24/11/99	100,00	(6) 15 a 20/11/99	Em moeda R$ 50,00
20	CEF	.000136	1/12/99	100,00	(6) 22 a 27/11/99	Em moeda R$ 50,00
Total pago no mês				**600,00**	**Total de dias trabalhados no mês de: NOV/1999**	**26 dias**
	CEF	.000149	16/12/99	325,00	(18) 19/11 a 16/12/99	Em moeda R$ 100,00 Final de Obra
	Banestado	651148	30/12/99	125,00	(1) 30/12/99	Saldo do Acerto
Total pago no mês				**550,00**	**Total de dias trabalhados no mês de: DEZ/1999**	**17 dias**
Total de Pagamentos				**R$ 3.185,00**	**Total de dias trabalhados no ano de 1999**	**125 dias**
Média mensal				**530,83**	**Média de dias p/ mês**	**21 dias**

Notas:

a) Nesta obra trabalhou dois domingos, dias 5 e 12 de dezembro de 1999, e recebeu em dobro.

b) Fez acerto recebendo o saldo em dois cheques, no total de R$ 450,00 mais R$ 100,00 em dinheiro.

Tabela 2   Obra de chácara – Mapeamento de períodos trabalhados pelo Sr. "X"

Nº recibo	Banco	Nº Ch.	Data Ch.	R$	(Dias) / Período	Observ.
1	CEF	000254	26/7/2001	60,00	(3) 16, 17 e 20/7/2001	
2	CEF	000259	1/8/2001	90,00	(4) 25, 26, 28 e 29/7/2001	
Total pago no mês			.	**150,00**	**Total de dias trabalhados no mês de: JUL/2001**	**8 dias**
3	Banco do Brasil	850008	9/8/2001	150,00	(5) 30/7/2001 a 5/8/2001	
4	Banco Real	10030	16/8/2001	150,00	(7) 6 a 12/8/2001	
5	ch. da Iris – CEF	000180	23/8/2001	105,00	(5) 13, 15, 16, 17 e 19/8/2001	
6	Banestado	35571	31/8/2001	150,00	(7) 20 a 26/8/2001	
Total pago no mês				**555,00**	**Total de dias trabalhados No mês de: AGO/2001**	**26 dias**

Continua

Nº recibo	Banco	Nº Ch.	Data Ch.	R$	(Dias) / Período	Observ.
7	Banco do Brasil	850020	6/9/2001	90,00	(4) 27 e 31/8/2001 e 2/9/2001 30/6/99 a 4/9/99	
8	Banco do Brasil	850023	20/9/2001	110,00	(5) 3, 4 ,7, 8 e 9/9/2001	
9	Banco do Brasil	850031	20/9/2001	130,00	(6) 10 a 13, 15 e 16/9/2001	
10	Banco do Brasil	850038	27/9/2001	100,00	(5) 17 a 21/9/2001	
11	Banco do Brasil	850044	4/10/2001	40,00	(2) 24 e 25/9/2001	
	Total pago no mês			**470,00**	**Total de dias trabalhados no mês de: SET/2001**	**20 dias**
12	Banco Itaú	321305	11/10/2001	125,00	(6) 1 a 6/10/2001	
13	Banco Itaú	321313	18/10/2001	130,00	(6) 8 a 10 a 14/10/2001	
	Banco Itaú	321318	26/10/2001	80,00	(4) 26, 27, 30, 31/10/2001	Adiant. dia 26/10/2001
	Total pago no mês			**335,00**	**Total de dias trabalhados no mês de: OUT/2001**	**16 dias**
	Banco Itaú	321322	3/11/2001	170,00		Saldo do Acerto
	Total de Pagamentos Média mensal			**R$ 1.680,00** **420,00**	**Total de dias trabalhados** **Médias de dias trabalhados por mês**	**70 dias** **17,5 dias**

EXTRAÍDOS DOS AUTOS A ATA/TERMO DE AUDIÊNCIA, CERTIDÕES E DESPA-CHOS INERENTES À LIQUIDAÇÃO DA SENTENÇA

"ATA/TERMO DE AUDIÊNCIA"

Aos _____ dias do mês de _____ de _____, às _____, na sala de _____, reclamante e _____ reclamado, cumpridas as formalidades legais, foi proferida a presente **SENTENÇA**, pela Juíza do Trabalho Substituta _____.

I –RELATÓRIO

Demanda em face de _____, formulando em síntese os seguintes pedidos: reconhecimento do vínculo empregatício, anotação em CTPS, horas extras, verbas rescisórias, FGTS e honorários. Atribuiu à causa o valor de R$ 8.500,00. O réu apresentou defesa escrita com documentos, dos quais teve vistas a parte autora. Em audiência de instrução, colhido o depoimento pessoal do autor, do reclamado e ouvidas três testemunhas. **Sem outras provas a serem produzidas**, encerrou-se a instrução processual. Razões finais oportunizadas.

Propostas conciliatórias infrutíferas.

II – FUNDAMENTOS

II – A) PRELIMINARMENTE

PEDIDO DE BAIXA EM DILIGÊNCIA

Em razões finais, o reclamado pugna que seja determinada a baixa em diligência, para que o Juízo determine a juntada de cópia das CTPS do autor e da testemunha (uma de suas testemunhas).

As partes declararam em audiência que não pretendiam a produção de outras provas, motivo pelo qual restou encerrada a instrução processual. Não se tratando de documentos novos, preclusa a oportunidade de produção da prova requerida.

Rejeita-se, portanto, o pedido de diligências probatórias.

ILEGITIMIDADE PASSSIVA. CARÊNCIA DA AÇÃO

Sustenta o reclamado que é parte ilegítima a figurar no polo passivo da demanda, pois não houve contrato de trabalho.

O reclamado foi indicado pelo autor como devedor da relação jurídica de direito material alegadamente existente. Presente a pertinência subjetiva, não há se cogitar de ilegitimidade de parte. Se houve ou não contrato de trabalho, é questão a ser decidida juntamente com o mérito.

As demais condições da ação também se fazem presentes, não havendo que se cogitar de carência de ação.

II – B) MÉRITO

VÍNCULO DE EMPREGO

Sustenta o autor que trabalhou para o reclamado de 05/07/1999 a 03/11/2001, com remuneração de R$ 25,00 por dia, ocupando a função de pedreiro. Postula o reconhecimento do vínculo empregatício e anotação em CTPS.

Em defesa, o reclamado impugna as alegações. Afirma que houve contrato de empreitada, em obras de propriedade do reclamado, em dois períodos distintos: o primeiro de 07/07/99 a 30/12/99, em obra na residência do reclamado, e o segundo de 16/07/01 a 30/11/01, em datas alternadas, em empreitada de horários e quanto à forma como seriam executados os serviços.

Alegando a existência de relação contratual distinta da trabalhista, o reclamado atraiu para si o ônus da prova, nos termos do art. 333, II, do CPC.

O critério mais adequado para se diferenciar o contrato de trabalho do contrato de empreitada refere-se ao vínculo de subordinação. Nesse sentido a doutrina de Evaristo de Moraes Filho e Antônio Carlos Flores de Moraes:

"O que importa é distinguir entre trabalho autônomo (empreitada) e trabalho subordinado (contrato de trabalho). No primeiro, o risco é de quem trabalha, com liberdade de ação, métodos e costumes seus, instrumental de trabalho de sua propriedade, com livre escolha no que concerne à realização de sua obrigação. 'O trabalhador concentra na sua esfera a gestão técnica e patrimonial do processo produtivo, de modo que, na execução da prestação, ele é independente diante do comitente' (Litala). No contrato de trabalho (...) o trabalhador (empregado) é subordinado e depende das ordens e dos critérios diretivos para quem presta serviços, hierárquica e administrativamente. Não tem liberdade de ação" (In *Introdução do Direito do Trabalho*, LTr, 2000, p. 306).

No caso dos autos, não demonstrou o reclamado que o autor detivesse liberdade na gestão de sua própria atividade e que utilizasse métodos próprios. Pelo contrário, a testemunha ouvida a convite do autor, Sr. _____, declinou que cumpriam horários preestabelecidos pelo réu, bem como que o réu fiscalizava e dava ordens no sentido de como o serviço deveria ser cumprido.

Veja-se que não consta dos autos contrato escrito de empreitada entre as partes. Também não consta da defesa, de forma específica, que obra ou qual parte da mesma foi empreitada pelo autor.

Ainda, verifica-se que, nos termos da documentação juntada à defesa, o autor era remunerado por unidade de tempo (e não por unidade de obra), outro traço que evidencia a existência do contato de trabalho. Vale dizer, o autor comprometeu-se a prestar trabalho durante determinada unidade de tempo, em troca de remuneração, e não entregar determinado resultado (obra).

Independentemente do resultado, o autor receberia o valor ajustado, o que indica que os riscos eram assumidos pelo tomador dos serviços.

A alegação defensiva de que não houve prestação de serviços no período de 2000 a meados de 2001 não se confirma pela prova oral. A testemunha ouvida a convite do autor, Sr. _____, declinou que trabalhou na primeira obra (...) até final de 2000, quando o autor permaneceu laborando. Acrescentou que o próprio reclamado mencionou que o autor trabalharia na segunda obra (...) na sequência.

Das testemunhas ouvidas pelo reclamado, a primeira se trata de vizinho da residência da Vila Hauer, que jamais trabalhou para o réu e sequer via os horários em que o autor chegava ou saía. A segunda trabalhou apenas na chácara e, por isso, nada informou quanto ao período anterior.

Conclui-se, pois, que houve liame de emprego no período declinado na petição inicial. Incontroverso, no entanto, que as obras ocorreram em imóveis de propriedade do reclamado, residência e chácara, nas quais não se desenvolve qualquer atividade econômica. Tratando-se de trabalho prestado em âmbito residencial ao empregador pessoa física, os dispositivos legais aplicáveis não são aqueles contidos na CLT, mas na Lei 5.859/72, relativa ao trabalho doméstico.

Nesse sentido, Sérgio Pinto Martins, na obra *Manual do Trabalho Doméstico*, esclarece que, entendendo-se pela existência do vínculo empregatício neste tipo de relação, "este só pode ser o relativo ao contrato de trabalho doméstico, pois não há atividade lucrativa desenvolvida pelo empregador" (Atlas, 2000, p. 63).

Conclui-se, portanto, pela existência do vínculo empregatício entre o autor e o reclamado, de 05/07/99 a 03/11/01, nos moldes da Lei 5.859/72. Determina-se que o réu, no prazo de 10 dias, proceda às anotações da CTPS do autor, sob pena de incorrer em descumprimento de ordem judicial.

Acolhe-se, nestes moldes.

REMUNERAÇÃO

A remuneração percebida deve ser considerada aquela que consta dos recibos de pagamento juntados à defesa; na falta destes, pela média do período, haja vista a ausência de impugnação a aludidos recibos.

VERBAS RESCISÓRIAS. 13º SALÁRIOS. FÉRIAS

Alega o autor que não recebeu as verbas devidas em decorrência da dispensa sem justa causa, nem os 13º salários ou férias. Em defesa, o reclamado reitera a negativa do vínculo. Já solucionada a questão atinente ao vínculo empregatício, deferem-se ao autor as seguintes verbas, entendendo-se que a dispensa ocorreu sem justa causa e por iniciativa do empregador:

Aviso-prévio indenizado de 30 dias;

13º salário 1999 – 6/12;

13º salário 2000 – 12/12;

13º salário 2001 – 11/12;

Férias integrais (12/12), com 1/3. Referentes aos períodos 1999/2000 e 2000/2001.

As férias para o empregado doméstico são de 20 dias úteis (art. 3º da Lei 5.859/72). Indevida dobra do art. 137 da CLT, inaplicável ao contrato de trabalho doméstico, nos termos do art. 7º, *a*, da CLT.

Indevido FGTS, eis que se trata de parcela de natureza facultativa (art. 1º, Decreto 3.361/2000) e, portanto, inexigível pelo empregado doméstico.

Inaplicáveis as penalidades previstas no art. 467 e multa do art. 477, § 8º, da CLT, em se tratando de empregado doméstico (art. 7º, *a*, da CLT).

Acolhe-se, em parte.

JORNADA DE TRABALHO. HORAS EXTRAS

O empregado doméstico não está sujeito ao regime de duração da jornada de trabalho estipulado na CLT, conforme art. 7º, parágrafo único, da CF/88. Deste modo, não faz jus o autor ao pagamento de horas extras e respectivos reflexos. Não há prova de labor em detrimento do DSR, pois a única testemunha ouvida a convite do autor não soube declinar quando e quantos domingos teriam sido trabalhados.

Nada a deferir.

HONORÁRIOS

O autor não se encontra assistido pela entidade sindical. A assistência judiciária gratuita na Justiça do Trabalho é incumbência dos sindicatos e, na falta destes, da promotoria ou defensoria pública (arts. 14 e 15 da Lei 5.584/70). Ao exercer a opção por contratar escritório particular, o trabalhador abdica do benefício legal. Inaplicável ao Processo do Trabalho o princípio da sucumbência, sendo indevidos honorários advocatícios, na esteira do entendimento consubstanciado nos enunciados 219 e 329 do E. TST.

JUSTIÇA GRATUITA

Defere-se à parte autora o benefício da Justiça gratuita, para fins de isenção de custas processuais, eis que não informada, por qualquer meio de prova, a declaração de insuficiência econômica firmada na petição inicial.

JUROS E CORREÇÃO MONETÁRIA

Devidos juros de mora, simples, de 1% ao mês, conforme disposto no art. 39, § 1º, da Lei 8.177/91, a partir do ajuizamento da demanda, e de acordo com o Enunciado 200 do E. TST.

A correção monetária é devida a partir de exigibilidade mensal de cada parcela, considerando-se, no que tange a salários, o disposto no art. 459, parágrafo único, da CLT, nos termos da Orientação Jurisprudencial 124 da SDI-1 do E. TST.

DESCONTOS FISCAIS E PREVIDENCIÁRIOS

Tendo em vista o disposto no § 3º do art. 114 da CF/88, redação dada pela EC 20/98, determina-se a retenção e o recolhimento das contribuições previdenciárias incidentes sobre as parcelas remuneratórias deferidas nesta ação, devidas respectivamente pelo empregado e pelo empregador, apuradas mês a mês, considerado o teto de contribuição.

Determinam-se, ainda, os descontos de natureza fiscal, o que se faz em observância à Lei 8.541/92 e ao Provimento CG/TST 01/96. No entanto, em atenção ao princípio da capacidade contributiva, e tendo em vista que não foi o autor quem deu causa ao não pagamento das parcelas ora deferidas no momento próprio, a apuração deve ser feita mês a mês, considerando-se as alíquotas e os limites de isenção.

III – DISPOSITIVO

DIANTE DO EXPOSTO, decide a _____ Vara do Trabalho de _____ – _____ ACOLHER EM PARTE os pedidos formulados por _____ em face de _____, para nos estritos termos da fundamentação, que passa a integrar o presente dispositivo:

I – Declarar o vínculo empregatício do autor com o reclamado, de 05/07/99 a 03/11/01, determinando-se que o mesmo proceda às respectivas anotações na CTPS do autor, no prazo de 10 dias, sob pena de incorrer em descumprimento de ordem judicial;

II – Condenar o réu a pagar ao autor as seguintes verbas:

Aviso-prévio indenizado de 30 dias;

13º salário 1999 – 6/12;

13º salário 2000 – 12/12;

13º salário 2001 – 11/12;

Férias integrais (12/12), com 1/3. Referentes aos períodos 1999/2000 e 2000/2001;

Férias proporcionais 2001/2002 (6/12), com 1/3.

Liquidação por cálculos, observados os parâmetros fixados na fundamentação: juros, correção monetária, descontos fiscais e previdenciários nos termos da fundamentação.

Cumpram-se, no prazo legal, custas pelo reclamado, no valor de R$ 64,00, calculadas sobre R$ 3.200,00, valor provisoriamente arbitrado à condenação.

Cientes as partes (En. 197 do E. TST). Nada mais.

(____) – Juíza do Trabalho (Substituta).

(____) – DIRETOR DE SECRETARIA

CERTIDÕES E DESPACHOS EXTRAÍDOS DOS AUTOS (SÚMULAS)

(_____) Certifico que em 28/05/03 (Quarta-feira) decorreu o prazo de OITO (8) dias para a interposição de recurso ordinário, pelas partes da sentença de fls. XXX/XXX.

Cidade e data.

(_____) – Analista Judiciário

CERTIDÃO

Ordem de Serviço nº _____

Por Ordem da Exma. Juíza Titular e da Juíza Substituta desta Vara:

Serão encaminhados os autos ao(à) contador(a) _____ para elaboração dos cálculos no prazo de trinta dias (art. 29, III). Apresentados, será intimado o INSS para manifestação do cálculo previdenciário, no prazo de dez dias, sob pena de preclusão.

Por fim, os autos serão conclusos para homologação.

Cidade e data.

(_____) – Analista Judiciário

Excelentíssima Senhora M.M. Doutora Juíza Presidente da _____ª Vara do Trabalho de _____.

Processo:
Autor:
Réu:

Código da Petição:

_____, perita judicial, compromissada no processo em epígrafe, vem com o devido respeito em atenção à certidão de fl. XXX, apresentar os CÁLCULOS DE LIQUIDAÇÃO do referido processo, em conformidade com os julgados.

Na oportunidade, submete à apreciação de V. Excia, sua proposta de honorários profissionais, estimados em R$ 250,00 (duzentos e cinquenta reais), atualizáveis pelos coeficientes trabalhistas até o seu efetivo pagamento.

Nestes termos pede deferimento.

Cidade e data.

(_____) – Perita do Juízo

Resolução do Caso Selecionado 3 – Reclamação trabalhista – fase de execução

_____ª VARA DO TRABALHO DE _____

Processo nº _____ – Reclamação Trabalhista

Requerente (Autor): "X"

Requerido (Réu): "Y"

LAUDO PERICIAL – PERITO DO JUÍZO

1. RESUMO DOS JULGADOS – Sentença (fls. _____):

a) Vínculo de Emprego – reconhecido vínculo empregatício de 05/07/1999 a 03/11/2001.

b) Remuneração – deve ser considerada aquela que consta dos recibos de pagamentos juntados à defesa, na falta destes, pela média do período.

c) Verbas Rescisórias – Aviso-prévio Indenizado (30 dias); 13º salário 1999 (06/12); 13º salário 2000 (12/12); 13º salário 2001 (11/12); férias integrais (2/12), com 1/3 (períodos: 1999/2000 e 2000/2001); férias proporcionais 2001/2002 (06/12), com 1/3. As férias para empregado doméstico são de 20 dias úteis. Indevido o FGTS (parcela facultativa).

d) Horas extras – nada a deferir.

e) Honorários advocatícios – indevidos.

f) Correção monetária – mês subsequente.

g) Descontos previdenciários e fiscais – autorizados, mês a mês.

2. CÁLCULO DE LIQUIDAÇÃO

Admissão: 05/07/1999   Ajuizamento: 14/05/2002

Demissão: 03/11/2001   Atualizado até: 31/07/2003

RESUMO GERAL:

VERBAS DEFERIDAS		VALOR DEVIDO
1. VERBAS RESCISÓRIAS	R$	2.839,56
PRINCIPAL	R$	2.839,56
JUROS SIMPLES (1% ao mês) 14/05/2002 a 31/07/2003 (443 dias)	14,77%	419,31
TOTAL	**R$**	**3.258,87**
CONTRIBUIÇÃO PREVIDENCIÁRIA (EMPREGADO)	R$	105.84
IMPOSTO DE RENDA	R$	22,89
VALOR TOTAL EM 31/07/2003	**R$**	**3.130,14**
CONTRIBUIÇÃO PREVIDENCIÁRIA (EMPREGADOR)		
BASE DE CÁLCULO DO DESCONTO PREVIDENCIÁRIO	R$	1.228,83
CONTRIBUIÇÃO PREVIDENCIÁRIA + SAT	12%	147,46
TERCEIROS	0%	0,00
TOTAL A RECOLHER EM 31/07/2003	**R$**	**147,46**
CRÉDITO AO AUTOR		
PRINCIPAL	R$	2.839,56
JUROS	R$	419,31
CONTRIBUIÇÃO PREVIDENCIÁRIA	R$	105,84
IMPOSTO DE RENDA	R$	22,89
CRÉDITO AO AUTOR EM 31/07/2003	**R$**	**3.130,14**
TOTAL DA EXECUÇÃO		
CRÉDITO AO AUTOR	R$	3.130,14
CONTRIB. PREVIDENCIÁRIA (EMPREGADO)	R$	105,84
CONTRIB. PREVIDENCIÁRIA (EMPREGADOR)	R$	147,46
IMPOSTO DE RENDA	R$	22,89
VALOR TOTAL DA EXECUÇÃO EM 31/07/2003	**R$**	**3.406,33**

APÊNDICES:

APÊNDICE A – Demonstração das médias dos valores recebidos

APÊNDICE B – Valores das verbas rescisórias

APÊNDICE C – Valores das contribuições previdenciárias – empregado

APÊNDICE D – Valores das contribuições previdenciárias – empregador

APÊNDICE E – Valores das retenções de Imposto de Renda

Cidade e data

(_____) Perita do Juízo

Apêndice A – Demonstração das médias dos valores recebidos

MÊS / ANO	VALORES RECEBIDOS	VALORES MÉDIOS
JUL / 1999	510,00	
AGO / 1999	500,00	
SET / 1999	575,00	
OUT / 1999	450,00	
NOV / 1999	600,00	
DEZ / 1999	550,00	
JUL / 2001	150,00	
AGO / 2001	555,00	
SET / 2001	470,00	
OUT / 2001	335,00	
MÉDIA ARITMÉTICA		469,50

Apêndice B – Valores das verbas rescisórias

MÊS / ANO	VERBA	PROPORÇÃO	BASE DE CÁLCULO	VALOR DEVIDO	COEFICIENTE ÉPOCA PRÓPRIA	TOTAL R$
DEZ / 1999	13º salário	6/12	469,50	234,75	1,1108724	260,78
DEZ / 2000	13º salário	12/12	469,50	469,50	1,0858860	509,82
NOV / 2001	13º salário	11/12	469,50	430,38	1,0647261	458,23
NOV / 2001	Aviso-prévio	30 dias	469,50	469,50	1,0647261	499,89
NOV / 2001	Férias + 1/3	12/12	469,50	417,32	1,0647261	444,33
NOV / 2001	Férias + 1/3	12/12	469,50	417,32	1,0647261	444,33
NOV / 2001	Férias + 1/3	6/12	469,50	208,66	1,0647261	222,17
TOTAL						2,839,56

Apêndice C – Valores das contribuições previdenciárias – empregado

MÊS / ANO	VERBA	BASE INSS	ALÍQUOTA	INSS DEVIDO	COEFICIENTE ÉPOCA PRÓPRIA	TOTAL R$
DEZ / 1999	13º salário	234,75	7,65	17,96	1,1108724	19,95
DEZ / 2000	13º salário	469,50	9,00	42,26	1,0858860	45,88
NOV / 2001	13º salário	430,38	8,65	37,57	1,0647261	40,00
TOTAL						105,84

Apêndice D – Valores das contribuições previdenciárias – empregador

MÊS / ANO	VERBA	BASE INSS	ALÍQUOTA	INSS DEVIDO	COEFICIENTE ÉPOCA PRÓPRIA	TOTAL R$
DEZ / 1999	13º salário				1,1108724	
DEZ / 2000	13º salário				1,0858860	
NOV / 2001	13º salário				1,0647261	
TOTAL		1,228,83	12	147,46		147,46

Obs. FPAS 868 = 0,00

Apêndice E – Valores das retenções de Imposto de Renda

MÊS / ANO	VERBA	BASE INSS	ALÍQUOTA	IRRF DEVIDO	COEFICIENTE ÉPOCA PRÓPRIA	TOTAL R$
DEZ / 1999	13º salário	234,75	Isento		1,1108724	
DEZ / 2000	13º salário	469,50	Isento		1,0858860	
NOV / 2001	13º salário	430,38	Isento		1,0647261	
NOV/ 2001	Férias + 1/3	1,043,31	15	21,50	1,0647261	22,89
TOTAL						22,89

LAUDO PERICIAL – ASSISTENTE TÉCNICO

CÁLCULO DE LIQUIDAÇÃO

Processo nº _____ – Reclamação Trabalhista

Requerente (Autor): "X"

Requerido (Réu): "Y"

Admissão: 05/07/1999   Ajuizamento: 14/05/2002

Demissão: 03/11/2001   Atualizado até: 31/07/2003

RESUMO GERAL:

VERBAS DEFERIDAS		VALOR DEVIDO (segundo o Perito Assistente do Réu)
1. VERBAS RESCISÓRIAS	R$	
PRINCIPAL	R$	2.755,41
JUROS SIMPLES (1% ao mês) 14/05/2002 a 31/07/2003 (443 dias)	14,77%	406,97
TOTAL	**R$**	**3.162,38**
CONTRIBUIÇÃO PREVIDENCIÁRIA (EMPREGADO)	R$	1.283,21
IMPOSTO DE RENDA	R$	27,84
VALOR TOTAL EM 31/07/2003	**R$**	**4.473,43**
CONTRIBUIÇÃO PREVIDENCIÁRIA (EMPREGADOR)		
BASE DE CÁLCULO DO DESCONTO PREVIDENCIÁRIO	R$	14.804,26
CONTRIBUIÇÃO PREVIDENCIÁRIA + SAT	12%	1.776,51
TERCEIROS	0%	
TOTAL A RECOLHER EM 31/07/2003	**R$**	**1.776,51**
CRÉDITO AO AUTOR		
PRINCIPAL	R$	2.755,41
JUROS	R$	406,97
CONTRIBUIÇÃO PREVIDENCIÁRIA	R$	
IMPOSTO DE RENDA	R$	
CRÉDITO AO AUTOR EM 31/07/2003	**R$**	**3.162,38**
TOTAL DA EXECUÇÃO		
CRÉDITO AO AUTOR	R$	3.162,38
CONTRIB. PREVIDENCIÁRIA (EMPREGADO)	R$	1.283,21
CONTRIB. PREVIDENCIÁRIA (EMPREGADOR)	R$	1.819,00
IMPOSTO DE RENDA	R$	27,84
VALOR TOTAL DA EXECUÇÃO EM 31/07/2003	**R$**	**6.292,43**

Cidade e data

(_____) Assistente Técnico

EXERCÍCIO – *Analisar a resolução apresentada para o caso e escrever sua opinião quanto à validade dos laudos da perita do Juízo e do perito assistente. Utilize a mesma estrutura de cálculo dos Apêndices.*

Caso Selecionado 4 – Prestação de contas de administradores – extrajudicial

Trata-se de Perícia Extrajudicial, contratada pelos *proprietários de sociedade empresarial*, para elucidação de litígio ocasionado pela ausência de prestação de contas da gestão administrativa dos *procuradores* de uma empresa comercial.

Os aspectos mais relevantes desse caso estão circunscritos nos seguintes pontos:

a) os atos preparatórios para a Perícia Extrajudicial são expressos no contrato, portanto, diferentes daqueles usuais na Perícia Judicial, pois, nesse caso, o perito não é nomeado pelo juiz, mas contratado pela(s) parte(s);

b) na Perícia Extrajudicial, podem ser elaborados quesitos ou não, porém seguidas as regras básicas definidas no contrato;

c) a essência da Perícia Extrajudicial está no exame do sistema contábil, dos livros e dos documentos que formam o suporte da escrita contábil e dos atos da gestão social;

d) a apresentação do Laudo da Perícia Extrajudicial deve ser feita com observação da seguinte estrutura: introdução, visão do conjunto, documentos e livros examinados, comentários periciais.

Resolução do Caso Selecionado 4 – Prestação de contas de administradores – extrajudicial

1 Apresentação

Identificação do Perito: Nome: _____ *CRC/UF*
_____

Matéria Periciada: litígio entre outorgante e outorgados quando do encerramento da gestão administrativa-comercial de empresa concessionária de derivados de petróleo.

Outorgante: Parte 1 – CONTRATANTE DA PERÍCIA EXTRAJUDICIAL

Outorgado: Parte 2 – PRATICANTE DO ILÍCITO

Outorgada: Parte 3 – PRATICANTE DO ILÍCITO

Síntese: Atendendo às condições expressas no CONTRATO DE SERVIÇOS DE PERÍCIA CONTÁBIL EXTRAJUDICIAL, firmado em 31-7-x5, periciamos os registros contábeis e os documentos que nos foram apresentados, mencionados na sequência:

LIVROS: *Diário*, nº _____ registrado na JCP/_____, sob nº _____, em 8-7-x5, fls. _____; *Registro de Entradas da Matriz*, nº _____, fls. _____; *Registro de Saídas da Matriz*, nº _____, fls. _____; *Registro de Apuração de ICMS da Matriz*, nº _____, fls. _____; *Registro de Inventá-*

rio da Matriz, nº _____, fls. _____; Registro de Entradas da Filial de BF, nº _____, fls. _____; Registro de Saídas da Filial de BF, nº _____, fls. _____; Registro de Apuração de ICMS da Filial de BF, nº _____, fls. _____; Registro de Inventário da Filial de BF, nº _____, fls. _____;

DOCUMENTOS: *Notas Fiscais*, de compras e de vendas; *CMD (Controle de Movimento Diário de Combustíveis); Extratos de C/C; Canhotos de Cheques; Ordens de Pagamento; Recibos de Depósitos*, dos seguintes bancos: BANCO 1, BANCO 2, BANCO 3, BANCO 4.

2 Visão do conjunto

A perícia foi desenvolvida em todos os registros, aplicando-se os procedimentos usuais, com aprofundamento específico nas áreas identificadas, a seguir: DISPONIBILIDADES; ESTOQUES, COMPRAS E VENDAS; REGISTROS FISCAIS e REGISTROS CONTÁBEIS.

2.1 Disponibilidades

Nos exames efetuados nos controles auxiliares e facultativos das contas que registram as disponibilidades, constatamos as seguintes irregularidades:

a) *Banco c/ Movimento – BANCO 1:*

– omissão de lançamentos contábeis de alguns fatos ocorridos nos meses de abril a junho de x5;

– encontramos na documentação 5 (cinco) canhotos de talões de cheques pertencentes a uma conta não identificada, cujas anotações envolvem operações comerciais idênticas às da empresa periciada, por exemplo: o cheque nº XXXXXX, no valor de $ 6.000.000,00 (seis milhões de unidades monetárias), tendo como beneficiário um posto de gasolina; o cheque nº XXXXXX, no valor de $ 3.000.000,00 (três milhões de unidades monetárias), também para pagamento de um posto; os cheques nºˢ XXXXXX e XXXXXX, todos ao mesmo beneficiário.

b) *Banco c/ Movimento – BANCO 2:*

– omissão de lançamentos contábeis dos fatos ocorridos nos meses de abril a junho de x5;

– um comprovante de depósito em nome de outra empresa _____ Ltda., autenticado com o número "XXX, de 13/FEV./x5", no valor de $ 5.000.000,00 (cinco milhões de unidades monetárias), foi encontrado junto com os comprovantes de depósitos bancários da empresa periciada.

c) *Banco c/ Movimento – BANCO 3:*

– este sem registro de movimento em nome da empresa periciada, porém está documentado um registro de lançamento a crédito, no extrato expedido pelo Banco, na conta da *Outorgada: Parte 3* (PRATICANTE DO ILÍCITO), procuradora da empresa periciada, no valor de $ 38.000.000,00 (trinta e oito milhões de unidades monetárias), emitido em 1-2-x5.

2.2 Estoques, compras e vendas

Nos exames desses controles, constatamos as seguintes irregularidades:

a) *Estoques: MCD – Movimento de Controle Diário de Combustíveis* – omissão do registro da entrada de 9.800 (nove mil e oitocentos) litros de ÓLEO DIESEL, adquiridos da fornecedora "_____ Distribuidora S/A", cf. NF nº XXXXXX, no valor de custo igual a $ 10.923.570,00 (dez milhões, novecentas e vinte e três mil, quinhentas e setenta unidades monetárias).

b) *Compras*: no *Registro de Entradas* a NF nº XXXX, de "(...) e Representações de Produtos Derivados de Petróleo Ltda.", foi lançada com um erro de valor, $ 3.000,00 (três mil unidades monetárias), que representa uma saída fictícia de caixa.

c) *Vendas*: no exame dos *talonários* de notas fiscais e no *Registro de Saídas*, constatamos omissão do registro de vendas dos meses de ABRIL a MAIO/x5, da Filial de BF, no valor de $ 5.395.520,00 (cinco milhões, trezentas e noventa e cinco mil, quinhentas e vinte unidades monetárias) e mais uma diferença nas vendas do dia 10/MAR./x5 no valor de $ 549.000,00 (quinhentas e quarenta e nove mil unidades monetárias), que comprovam omissão na entrada de caixa, no valor de $ 5.944.520,00 (cinco milhões, novecentas e quarenta e quatro mil, quinhentas e vinte unidades monetárias).

2.3 Registros fiscais

Os registros fiscais não estão revestidos das formalidades legais, pelas razões que enunciamos, a seguir:

a) *Registro de Entradas da Matriz*: erro de valor no lançamento da segunda linha às fls. _____; rasurado às fls. _____; somas a lápis.

b) *Registro de Saídas da Matriz*: rasurado às fls. _____; somas a lápis.

c) *Registro de Entradas da Filial de BF*: rasurado às fls. _____.

d) *Registro de Saídas da Filial de BF*: o valor das vendas de MAR./x5 e ABRIL/x5 e não confere com os valores registrados no *Registro de Apuração do ICMS* para os mesmos meses.

2.4 Registros contábeis

Os registros contábeis, também, não estão feitos de conformidade com a legislação comercial e tributária, pelos motivos que enumeramos a seguir:

a) *Omissão de lançamentos* de fatos contábeis, principalmente, nas contas "Bco. Conta Movimento", nos meses de ABRIL a JUNHO/x5.

b) *Lançamento indevido* a débito da conta "Venda de Lubrificantes Isentos", no valor de $ 12.480.640,00, implicando em erro de classificação da conta.

c) *Lançamentos sintéticos* da conta "Caixa" com ausência de Livro Caixa Analítico ou Boletins Diários de Caixa.

d) *Alteração do sistema contábil* utilizado, no curso da gestão administrativa, sem justificativa da mudança.

3 Comentários periciais (CONCLUSÕES)

As conclusões são pela existência de: (a) *fraudes e erros*, efetivamente comprovados; (b) *indícios de fraudes*, que podem ser investigadas; (c) *ausência de prestação de contas* dos atos praticados pelos procuradores, na gestão administrativa, a seguir especificados:

Fraudes e erros constatados:

– compra de mercadoria sem a competente entrada do estoque, o que significa desvio da mercadoria, NF nº XXXXX – valor $ 10.923.570,00;

– venda de mercadoria sem a competente entrada do valor recebido, NFVC nᵒˢ 051 a 165 – valor $ 5.393.520,00;

– saída fictícia de caixa, por compra lançada com valor maior do que o real: valor lançado $ 695.935,00; valor correto cf. NF XXXX, $ 692.935,00; diferença encontrada, valor $ 3.000,00.

Totalizando o valor $ 16.322.090,00.

Indícios de fraudes:

– depósito em nome de outra sociedade empresarial (...) Ltda. no BANCO 3, – valor $ 5.000.000,00;

– depósito de grande valor em nome da *Parte 3*, procuradora da empresa periciada, no BANCO 4, – valor $ 38.000.000,00.

Totalizando o valor $ 43.000.000,00.

Ausência de prestação de contas:

– não consta dos registros contábeis que os procuradores tenham prestado contas ao deixarem a empresa, a Contabilidade registra elevados saldos de CAIXA, cf. provam os balancetes dos últimos 4 (quatro) meses, a saber:

Histórico	$
– MARÇO/x5 (nas duas filiais)	16.817.301,00
– ABRIL/x5 (matriz e filiais)	86.278.793,00
– MAIO/x5 (matriz e filiais)	78.331.986,00
– JUNHO/x5 (matriz e filiais)	**80.144.048,00**

4 Documentos probantes

Os documentos comprobatórios das irregularidades, fraudes e erros constatados, dos indícios de fraudes e dos saldos de caixa estão elencados, a seguir:

a) nota Fiscal nº XXXXX, de "(...) Distribuidora S/A";

b) notas Fiscais de Venda a Consumidor nºs XXX a XXX;

c) nota Fiscal nº XXXX, de "(...) Derivados de Petróleo Ltda.";

d) controles de Movimento Diário dos meses de FEV. a MAR./x5 das bombas de GASOLINA, ÓLEO DIESEL e ÁLCOOL HIDRATADO;

e) recibo de Depósito nº XXXXXX, do BANCO 3;

f) extrato de Conta-Corrente, BANCO 4, emitido em 1-2-x5, conta em nome da *Parte 3*;

g) talonários de cheques (canhotos), nºs XXXXXX a XXX; XXXXXX a XXX; XXXXXX a XXX; XXXXXX a XXX; XXXXXX a XXX; XXXXX a XXX (conta não identificada);

h) balancetes dos meses de março a junho de x5.

5 Recomendações

a) Seja o contabilista responsável pela Contabilidade da empresa convidado a regularizar os registros contábeis, efetuando os lançamentos omitidos e reclassificando os lançamentos incorretos, no prazo legal.

b) Sejam os procuradores, *Parte 2* e *Parte 3* (PRATICANTES DO ILÍCITO) convidados a prestar contas amigavelmente ou em juízo, se assim o preferirem, requerendo-se o depoimento pessoal de cada um deles sobre os fatos não esclarecidos.

Cidade e data.

Nome completo
Perito-contador CRC _____ nº _____
E-mail:

EXERCÍCIO – Analisar a resolução apresentada para o caso e escrever sua opinião quanto à validade do laudo. Se discordar de algo, faça argumentação indicando qual seria a solução adequada.

Capítulo 6
Resumo, Conclusões e Sugestões

Resumo

Primeiramente, foram abordados aspectos históricos e legislação básica, a utilidade social da perícia e da ética profissional, noções conceituais de perícia, de perito e de assistente técnico.

Na exposição teórica e ética, estão registradas abordagens compreendendo as funções contábeis fundamentais e complementares, com ênfase na função revisora e na função pericial. São argumentadas as necessidades de se fazer perícia contábil como decorrência do conflito de interesse entre as partes e das irregularidades administrativas e contábeis. Elencam-se os métodos alternativos para as práticas periciais.

Quanto à aplicabilidade do Código de Processo Civil, são desenvolvidas fundamentações sobre os atos preparatórios e os atos de execução, compreendendo estes últimos as diligências e a prova pericial, a elaboração e a entrega do laudo, as situações com procedimentos especiais e uma abordagem fundamentada sobre os resultados do trabalho pericial.

Ao reportar-se à operacionalização da Perícia Contábil, o estudo tem abrangência sobre Perícia Judicial e Extrajudicial. Faz-se uma seleção e transcrição do que é aplicável do Código de Processo Civil em Perícia Contábil e uma abordagem sobre a Lei das Sociedades por Ações do que é aplicável em Perícia Extrajudicial.

Em um capítulo é apresentado o modelo burocrático, com ênfase nos caminhos de acesso ao ambiente eletrônico e nos desenhos de documentos por meio dos quais são demonstradas as vias de comunicação entre Juízo e perito, e perito e partes.

Finalmente, é apresentado um elenco de casos selecionados e resolvidos, compreendendo: (1) Cobrança de Duplicata de Cliente, (2) Embargos de Execução Fiscal Contra a Fazenda Pública, (3) Reclamação Trabalhista na Fase de Liquidação e (4) Prestação de Contas de Administradores.

Conclusões e Sugestões

Se você deseja obter bons resultados ao utilizar um processo metodológico, no exercício do magistério e como profissional liberal nas funções de perito, é fundamental obter *o respeito e a confiança das Instituições Educacionais, dos Organismos do Judiciário, das Empresas e das Pessoas* que nelas trabalham, desde os mais elevados escalões dos complexos organizacionais até as mais periféricas camadas de operadores e auxiliares.

A edição do novo Código de Processo Civil – Lei nº 13.105, de 16 de março de 2015 – faz várias inovações focadas na **produção da prova pericial**, especialmente no que diz respeito à utilização de métodos. Em razão dessas inovações recomendam-se cuidados especiais tanto no trabalho profissional do perito como na formação universitária futura e nos processos de educação continuada. Exemplificando:

Nas **instituições de educação para formação profissional**, contempladas estas condições, o processo de ensino-aprendizagem deve ser conduzido com base em proposta METODOLÓGICA, desdobrada nas quatro etapas seguintes:

– **de ensino** – investigação bibliográfica e experimental desenvolvida com a utilização de dosagem de conhecimentos e operacionalizada por Seminários, Técnicas de Casos e pelo Método Expositivo;

– **de estudo** – com apoio nos métodos, enunciados no Capítulo 2 deste livro, complementando-os com métodos alternativos;

– **recursos didáticos** – textos selecionados, projeção de imagens, debates sobre os conteúdos etc.;

– **verificação de aprendizagem** – por acompanhamento das equipes de estudo, trabalhos escritos em temáticas especiais, provas com consulta.

Outros recursos metodológicos, de aprendizagem e aprimoramento de conhecimentos poderão ser empregados, no decurso das formações acadêmicas e profissionais, com o propósito de ampliar os meios de autodesenvolvimento para as pessoas envolvidas na aprendizagem.

Nas **atividades com o Judiciário**, a proposta de trabalho deve contemplar o planejamento específico para cada processo no qual o perito seja nomeado ou indicado. Na produção da prova pericial, a execução das tarefas e os procedimentos devem ser focados no Código de Processo Civil, nas Leis Específicas e nas Jurisprudências, que disciplinam o caso em lide.

Nas **empresas e pessoas físicas contratantes** de atividades periciais, a atenção aos procedimentos deve pautar-se, especialmente, em contratos cuidadosamente elaborados e tendo como base planejamento tático que oriente a execução do trabalho pericial, focada na legislação e nos métodos pertinentes ao objeto de cada contrato.

Glossário

Este é um auxílio ao leitor. As temáticas abordadas nesta obra, em algumas explorações, utilizam vocábulos não comuns na linguagem coloquial. Ao se deparar com palavras cujo significado seja desconhecido, sugere-se que recorra a este glossário ou a um dicionário de terminologia jurídica.

ADSTRITO: limitado a uma situação.

ADULTERAR(ÇÃO): corromper, contrafazer, falsificar. Violação da fidelidade.

APARTEAR: arguir em parte, interromper com apartes.

ARDIL: manha, astúcia, sutileza, estratagema, velhacaria.

ASSENTOS DOMÉSTICOS: anotações pessoais.

ATINENTE: que diz respeito a, concernente ou pertencente.

BALDADO: frustrado, inútil, malogrado.

BURLAR: defraudar, enganar, lograr, ludibriar.

CÉLERE: veloz, ligeiro, rápido.

CINGIR: cercar, constranger, ligar, rodear.

CLAUDICANTE: capenga, que manca, erra, falta.

COADUNADA: adaptada, ajustada, reunida.

COAGIR(ÇÃO): impor, limitar a liberdade de agir.

COMINAR(ÇÃO): ameaçar com pena, impor, condenar.

COMPILAR(ÇÃO): coligir para compor, reunir.

CORROBORAR(ÇÃO): confirmar, fortalecer, validar.

CPC: Código de Processo Civil.

DECLINAR: declarar a desistência, rejeitar.

DEPRECAR: pedir com instância, rogar, fazer súplica.

DESENTRANHAR(MENTO): retirar folhas dos autos.

DESFALQUE: desvio (por furto ou roubo).

DESÍDIA: desleixo, inércia, preguiça.

DILIGÊNCIA: investigação ou pesquisa oficial na execução de serviços judiciais.

DOLO: astúcia, desejo maligno, má-fé, traição.

ÉGIDE: amparo, defesa, proteção.

ELISÃO DA PROVA: eliminação, supressão (resguardados os limites da lei).

EMANANTE: originário, proveniente.

EMBARGAR(DA): embaraçar o ato, estorvar, pôr embargo, tolher, reprimir.

ERRO: desacerto, desencaminhamento, engano, incorreção, falta.

ESBULHO: desvio do direito de outrem.

ESCOPO: objetivo ideal.

ESCUSA(AR-SE): mesmo que declinar.

ESPÓLIO: patrimônio deixado por pessoa falecida, entidade jurídica extinta.

ESTATUIR(ÍDA): estabelecer, preceituar.

ESTELIONATO: transação ardilosa, dolosa ou fraudulenta.

ÉTICA: filosofia ou estudo do comportamento do homem, ciência da moral.

EXEQUÍVEL: que se pode executar.

EXPECTÁVEL: provável, que se pode esperar.

EXTRÍNSECA: que não pertence à essência.

FÁTICA: sinistra, trágica.

FRAUDE: embuste, falsidade, logro, roubo, trapaça.

FURTO: posse do alheio sem prática de violência.

FURTO QUALIFICADO: posse do alheio com prática de violência.

GLOSA: anotação, crítica, "rejeição".

ILIBADA: insuspeita, pura.

IMPERTINENTE: impróprio, inoportuno, maçante.

INDELEGÁVEL: que não pode ser outorgada.

INDIVIDUOSA: que faz menção a um indivíduo.

INÉPCIA: falta de aptidão, falta de inteligência, idiotismo, dito absurdo.

IMPUGNAR(ÇÃO): contestar, recusar, refutar.

INSOFISMÁVEL: claro, evidente, patente.

INTRÍNSECA: que pertence à essência, essencial, própria, íntima, inerente.

JURISPRUDÊNCIA: conjunto de princípios de direito seguidos em certa matéria; maneira especial de aplicar a lei.

LESÃO: violação de um direito.

LITÍGIO: demanda, disputa, questão, pendência.

OITIVA: audição de, ato de ouvir, ouvir pessoas.

PARTES LITIGANTES: pessoas que disputam interesses opostos.

PECULATO: desvio, furto de dinheiro público (por pessoa que o guarda).

PECUNIÁRIO: relativo a dinheiro.

PRECATÓRIO: ordem judicial de levantamento de depósitos. Título de mercado emitido pelo poder público, objetivando a captação de recursos, para liquidação de dívidas transitadas em julgado.

PRECÍPUO: essencial, fundamental, principal.

PRESUNÇÃO: suspeita, vaidade, empáfia.

PREVARICAR(ÇÃO): ato ou efeito de enganar, faltar por interesse, faltar por má-fé, trair.

PROBANTE/VALOR: que vale como prova.

PROBATÓRIO: valor atribuído como prova irrefutável.

PROCESSUALÍSTICA: teoria do processo judicial.

PROFICIENTE(ÊNCIA): competente, capaz, hábil, que tem perfeito conhecimento.

PROTELAR(TÓRIO): adiar, deixar para depois, procrastinar, prorrogar.

QUESITOS IMPERTINENTES: impróprios, inoportunos, maçantes, que não dizem respeito ao assunto.

REPUTAR(ÇÃO): atribuir valor, avaliar algo ou alguém, julgar.

ROUBO: posse do alheio com prática de violência.

SAGACIDADE: astúcia, agudeza de espírito, perspicácia.

SANEAMENTO DO PROCESSO: momento em que o magistrado decide sobre a necessidade ou não da perícia.

SERVENTUÁRIO: a pessoa que trabalha em cartório ou fórum.

SUMA: parte, resumo, síntese.

SUPÉRSTITE: que sobrevive, pessoa sobrevivente.

SUSPEIÇÃO: desconfiança, suspeita, suposta influência.

TRANSGRESSÃO: desobediência às normas.

TRASLADAR: mover de um processo para outro.

Bibliografia

ASTI VERA, Armando. *Metodologia da pesquisa científica*. Tradução de Maria H. Crespo e Beatriz M. Magalhães. Porto Alegre: Globo,1973.

BRASIL. *Constituição Federal, Código de Processo Civil, Leis Federais* (pertinentes ao objeto investigado). Disponível em: <www.planalto.gov.br>.

CHAMBERS, Raymond J. *Accounting, evaluation and economic behavior*. Houston: Scholars Book, 1974.

CONSELHO FEDERAL DE CONTABILIDADE – CFC. Anais dos CONGRESSOS BRASILEIROS DE CONTABILIDADE – Brasil. Disponível em: <http://www.cfc.org.br>.

_____. *Normas Brasileiras de Contabilidade*. Disponível em: <http://www.cfc.org.br>.

D'AURIA, Francisco. *Revisão e perícia contábil*. São Paulo: Nacional, 1962.

GIL, Antonio Carlos. *Como elaborar projetos de pesquisa*. 3. ed. São Paulo: Atlas, 1996.

HENDRIKSEN, Eldon S. *Accounting theory*. Revisão e tradução de M. de J. Fernández Cepero. México: Hispano Americana, 1974.

HOOG, Wilson Alberto Zappa. *Teoria pura da contabilidade*: ciência e filosofia. Curitiba: Juruá, 2012.

_____. *Moderno dicionário contábil*. 7. ed. Curitiba: Juruá, 2012.

LOPES DE SÁ, Antônio. *Teoria da contabilidade*. 3. ed. São Paulo: Atlas, 2002.

_____. *Perícia contábil*. São Paulo: Atlas, 2005.

MAGALHÃES, Antonio de Deus F. Perícia contábil. *Enfoque: Reflexão Contábil*. Maringá: Universidade Estadual de Maringá, nº 3, p. 28-32, jul./dez. 1991.

_____. et al. *Perícia contábil*: casos praticados. 7. ed. São Paulo: Atlas, 2007.

_____; LUNKES, Irtes Cristina. *Perícia contábil nos processos cível e trabalhista*: o valor informacional da contabilidade para o sistema judiciário. São Paulo: Atlas, 2008.

_____; _____. *Sistemas contábeis*: o valor informacional da contabilidade nas organizações. São Paulo: Atlas, 2000.

_____; _____; MÜLLER, Aderbal Nicolas. *Auditoria das organizações*: metodologias alternativas ao planejamento e à operacionalização dos métodos e das técnicas. São Paulo: Atlas, 2001.

MAIA NETO, Francisco. *Da prova pericial*. Belo Horizonte: Del Rey, 1977.

MARCONI, Marina de A.; LAKATOS, Eva Maria. *Técnica de pesquisa*. São Paulo: Atlas, 1982.

MÜLLER, Aderbal Nicolas. *Cálculos periciais*. Curitiba: Juruá, 2007.

NÉRICI, Imídeo Giuseppe. *Educação e metodologia*. 2. ed. Rio de Janeiro: Fundo de Cultura, 1973.

NUNES, Frank. J. C. Exposição sobre o caráter científico da contabilidade. *Revista de Investigación Contable*, República Dominicana, nº 1, 1988.

OLIVEIRA, Ivo Malhães de. *Teoria e prática das perícias judiciais*. Rio de Janeiro: Grafos, 1987.

ORNELAS, Martinho M. Gomes de. *Perícia contábil*. 4. ed. São Paulo: Atlas, 2003.

PRADO, Luiz Regis. *Falso testemunho e falsa perícia*. São Paulo: Saraiva, 1984.

ROCHA, Levi de Alvarenga; SANTOS, Nelson dos. *Manual de perícia contábil judicial*. Goiânia: CRC/GO, 2004.

ROJO ALONSO, José. *Normas e procedimentos de perícia judicial*. São Paulo: Atlas, 1975.

TERRA, José Cláudio Cyrineu. *Gestão do conhecimento*. São Paulo: Negócio, 2000.

VAZ, Alcides. *Perícias contábeis judiciais*: manual de práticas. São Paulo: IOB, 1993.

WAKIM, Vasconcelos Reis; WAKIM, Elizete Aparecida de Magalhães. *Perícia contábil e ambiental*: fundamentação e prática. São Paulo: Atlas, 2012.